AF569592

Hafengeschichten aus Bremen

Ernst B. R. Dünnbier

Hafengeschichten aus Bremen

herausgegeben
von Linda Sundmaeker

Edition Falkenberg

Editorische Notiz:
Die Textauszüge wurden zusammengestellt aus den drei Büchern von Ernst B. R. Dünnbier: Bremische Schmunzelgeschichten, Band 1: Auf gut Bremisch; Band 2: Bremen Best ! und Band 3: Auf Neptuns Dreizack aufgespießt, die zuletzt 2015 in der Edition Falkenberg erschienen sind.

Titelzeichnung: Peter Fischer, Winkeldorf

1. Auflage 2023

ISBN 978-3-95494-317-3
www.edition-falkenberg.de

Inhalt

Hafenarbeit – früher und heute

Der »guten alten Zeit« nachzutrauern, dafür hat man im Hafen absolut keine Zeit. Sich aber an alte Zeiten zu erinnern, das hat etwas mit Traditionsbewusstsein zu tun. Und an Bord und im Hafen wird Tradition gepflegt, zumindest im Erhalt gewisser Gebräuche. Ansonsten ist Hafenarbeit pulsierendes Geschehen, ist aktives Leben. Da hat man sich, wenn man bestehen will, jeglicher technischer Weiterentwicklung immer schnell anzupassen, da muss man beweglich sein. Auch wenn man einmal besinnlich zurückblickt, muss das Augenmerk sogleich wieder voll voraus gerichtet sein, damit man klar erkennt, »wo es lang geht«.

Die Gezeiten der Schifffahrt wirken sich immer voll auf das Hafengeschehen aus. Die Geschehnisse des Hafens sind das lebendige Abbild der dort ansässigen Firmen – und der in den Hafenbetrieben und in der Hafenbetriebsamkeit tätigen Menschen.

Und was gehört untrennbar dazu?

Die kleinen »Stories« und »Döntjes«, die Sprache des Hafens, der »Klönschnack bei Anbiet« und der wortreiche Disput.

Früher klang das alles »auf platt« sehr viel menschlicher. Dabei wurden selbst gelegentliche Unfreundlichkeiten nicht tierisch ernst genommen. – Heute auf »neuhochdeutsch« kann man sich auch dort ohne fremdsprachliche Begriffe oder neue Wortschöpfungen kaum noch verständigen. Statt des einfachen Zurufes von Mann zu Mann, wobei man sich gern einmal eines derben Ausdrucks bediente, spricht man heute – per Distanz – über »walky-talky« miteinander.

Früher hieß das einfach: »Komm, fot mol mit an!« oder »Hein, mok du dat man!« – Heute geht das alles nicht mehr ohne eine vorgeplante Distribution und ein geschultes Management. Nur eines bleibt stets das gleiche: Die Ware muss fix an Bord, muss fachkundig behandelt werden und soll sicher gestaut sein. Daran hat sich aber auch gar nichts geändert. Nur eines: das Tempo!

Und das Routinegeschick, das ein Oberstauer früher »im kleinen Finger haben musste«, das wird heutzutage durch das allumfassende »preplanning« ersetzt. Man weiß genau, wann – weshalb und wo. Nur das »wie« muss der, welcher nachher die Arbeit zu machen hat, eben selbst ganz genau wissen. Ohne die befähigten Mitarbeiter und ohne deren Einsatzwillen geht es auch heute nicht.

Auf alten Fotos sieht man, wie früher das Geschirr per Handwagen zum Schiff gebracht wurde. Später machte man es per Pferdefuhrwerk, und heute benötigt man dafür schon einen schweren Lkw. So wie damals: »Hein, schuuw du man de Karr, du hest all nen krummen Puckel!«, so gilt das heute nicht mehr. Heute wird gefahren. – Dafür muss der Heini dann aber aufpassen, dass er seinen eigenen Führerschein nicht verliert, bloß weil sich vielleicht ein freundlicher Ladungsoffizier mit ein paar Flaschen Bier für gute Arbeit bedankt hatte – und man das doch wahrlich nicht ablehnen konnte, ohne unhöflich zu wirken.

Die gute alte Sackkarre oder Steckkarre hat inzwischen ausgedient und der E-Karren auch. Um die kleinste Kiste zu bewegen, muss zumindest eine »Ameise« her, wenn nicht gleich ein Gabelstapler angefordert werden soll. Der hat aber dann den großen Vorteil, dass die Kiste auch noch angehoben und weggestaut wird. Den Dieselmief im Laderaum nimmt man für die Arbeitserleichterung gern in Kauf. – Energiesparen als eigene Muskelschonung bewirkt aber auf die Dauer wohl eher eine Kraftminderung, und man kann mangels Übung nicht mehr als

»Muskel-Kalli« auftreten. Dennoch werden auch heute noch Spitznamen vergeben, die zwar gleichermaßen deutlich sind, aber die alte Urtümlichkeit vermissen lassen. So soll hier nicht »aus der Schule geplaudert« werden, obwohl es sogar in Bremen eine Hafenfachschule gibt. Dort lernt man alles über die Arbeit im Hafen. Nur »Hafenplatt«, das wird nicht gelehrt.

Entweder man kann das, oder es wird einem auf deutliche Weise beigebracht, wie ein Beispiel (aus einer anderen Firma) zeigt. So erzählt ein »Boss« gern von seinem ersten »Bord-Auftritt« und erinnert sich mit besonderem Spaß: Man hatte ihn losgeschickt, um die Schichtzettel abzuholen, denn damals wurden die »Ständig Unständigen«, also die vom GBH kommenden Aushilfsarbeiter, noch täglich bar abgerechnet, und die Schichtzettel mussten deshalb sehr schnell bearbeitet werden. Um nun ganz genau vorzugehen, sah sich also der neue Lohnschreiber veranlasst, auch die Leuteanzahl nachzuzählen. Und siehe da: einer zu wenig, obwohl sich die Kräne drehten und die Schicht noch lange nicht zu Ende war. Seine Frage nach dessen Verbleib »stieß etwas sauer auf«. Sie wurde dennoch klar beantwortet, war hafenmäßig plastisch und lautete in der erteilten Auskunft nur für ihn allein unverständlich: »De is ut de Büx!« – Zweimal, dreimal nachgefragt, es kam immer die gleiche Antwort. Alles rundum griente und gnickerte, und der arme Schreiberling fühlte sich doch »arg verdummbeutelt«. Schließlich brachte die drastische Erklärung: »Der ist nur zum Scheißen weg!« die erleichternde Erkenntnis. (Bei nachfolgenden Bordbesuchen hat er jedenfalls vorsichtiger nachgebohrt, wenn er was nicht verstanden hatte.)

So, wie man einander mit besonderen Namen belegt, erhalten auch Tätigkeiten oder Arbeitsgeräte ihre eigenwilligen Hafenbezeichnungen. Wenn z.B. »Grabbeleisen« zu löschen ist, weiß hier ein jeder, dass er sich dabei verdammt viel bücken muss, um die Roheisenbrocken »aufzugrabbeln« und in den »Tub« (die Landeschale) zu packen.

Genau so weiß jedermann im Hafen, was eine »Giraffe« ist. – Eigentlich klar, wo doch der ganze Hafen so etwas wie ein großer Zirkus ist mit vielen Artisten, Clowns und Akrobaten. Dieser Riesenportalkranhubwagen – eben »Giraffe« – ist schon ein beeindruckendes Fahrzeug. Dass man aber eine besondere Ausbildung benötigt und einen speziellen Schein haben muss, um dieses Großvieh besteigen und in Gang (inne Gänge) setzen zu dürfen, wie soll man das einem »Quiddje« bloß klar machen? Mit dem Kranführerschein ist es doch einfacher, denn damit hat es in Bremen doch jemand wirklich einmal bis zum Senator gebracht.

Früher sprach man bei der Ladung von »Kisten und Kasten«, von Trommeln und Fässern, Beuteln und Säcken, Rollen und Rohren, Stäben und Stangen, Bündeln und Paketen. Alles das war eben »Stückgut«. Da wusste ein guter Stauer aus jahrelanger Erfahrung, was in dem einzelnen Packstück darinnen war. Und heute, da steht allenfalls auf dem Absetzschein mit Ladungsart und Gefahren-Code, worauf er zu achten hat. Die Ware wird eingeschweißt oder zu größeren Einheiten gebündelt usw. Schließlich entzieht sie sich im Container oder in der Barge vollends dem sachverständigen Blick. Der Umschlag wird so zum »Tonnenmachen«. Und in der Hafenstatistik möchte mancher (Politiker) gern tonnenschwere Zahlen vorweisen.

Wer kennt denn noch das »Apfelsinentau« aus unserer Kindheit? Das war eine aus Palmfaser geschlagene Schnur um die aus Spanien kommenden Apfelsinenkisten. Die war bei uns Kindern sehr beliebt zum Tauspringen quer über die Straße und wurde besonders dringend beim Indianerspielen gebraucht. – Heute sind Apfelsinen auch schon Containerladung mit vorgepackten Kilonetzbeuteln.

Alles ist anders geworden: das Stauereigeschirr, die Arbeitsgeräte, die Winscharbeit und die Ladungsbefestigung, um nur ein paar Bereiche zu nennen. Als Jungen konnten wir stundenlang zusehen, wenn Kisten über Förderbänder oder Rollenbahnen in die Luke gegeben wurden oder wenn die Säcke über die spindelförmige Sackrutsche in den Raum sausten. – Heutzutage schaut man noch gerade eben interessiert hin, wenn ein großformatiger und schwergewichtiger »Dobbass« mit »zwei Kränen abgesetzt« wird, sofern man ihn nicht über die Heckrampe einfach ins Schiff hineinrollt. Dafür heißen die Ro-Ro-Schiffe (rolling on – rolling off) im Hafenjargon überall nur »Rock-and-Roll-Dampfer«. So hat sich vieles gewandelt.

Aber eines ist geblieben und wird weiter bestehen: die besondere Atmosphäre des Hafens und die von uns allen nicht eingestandene Liebe zu ihm, von der man nicht loskommt. Man sagt hier aus voller Überzeugung: »... man trifft sich im Leben immer zweimal!« – Das ist sowohl ein Versprechen, als dass es auch eine Mahnung sein kann, je nachdem wie man auseinandergeht.

Doch wie schnellebig die Zeit ist, das hat mir ein alter Hafenarbeiter gesagt, als er nach nur zehn Jahren Rentnerdasein wieder seine früheren Kollegen und seine alte Arbeitsstätte hatte besuchen wollen. Fast hätte er gar nicht bis dort hin gefunden. Er kannte sich einfach nicht mehr aus »vor lauter neumodischem Kram«, und er meinte nur: »... dass ihr da noch durchfindet?!«

Ja, so fix sind wir hier im Hafen.

Wir lieben zwar Großvaters goldene Uhr, doch wir leben mit der Stoppuhr; und wir bemühen uns, weiterhin zu beweisen, dass »Bremen ein schneller Hafen« ist.

Die kurze Rangierpause zwischen zwei Schichten lässt gerade eben soviel Zeit, diese rückblickende Betrachtung anzustellen, denn für den »Damper dor buten« ist schon wieder Ausarbeiten und »Fertigmachen bestellt«. –

Also los denn ...

Die Sprache des Hafens

Was ist die Sprache des Hafens wirklich? Gibt es sie überhaupt? – Ja. Eine eigenartige Mischung aus Hochdeutsch und Platt, missingsch vermengt und gesprochen, und dabei bunt durchwoben mit Bordausdrücken und falsch aufgeschnappten Fremdsprachenbrocken, zumeist englisch, und und ...

Dass Vornamen abgewandelt werden, gehört zum Alltag und zum Zusammenleben der Menschen. Nichts Besonderes ist es, wenn daraus auf »i« endende Kurzformen werden. Das ist überall so, wo deutsch gesprochen wird. Außerdem erfahren die Namen besondere Abwandlungen als Fietje, Tetje, Ottchen, Ludjen, Hannes, Kuddel, Kalle, Manne, Piet, Wolle, Schorse, Dschonnie, Köbes, Jochen, Steffen, Jupp, Klaas, Hinnerk, Krischan usw ....

»Ökelnamen« sind Spitznamen. Sie entstehen durch persönliche Eigenheiten oder besondere Arbeitspraktiken, wie z.B. »Hein Umstau« für einen besonders umständlichen Vorarbeiter, oder als Namenskombination wie »Tauben-Kalli« oder »Kaninken-Schmitt«, die Fegselsammler mit dem »Zampelbüdel«. Ebenso treffend ist auch »Hein Veerkant«, der Schwerfällige, oder »Heini Kömnees«, der ewig Durstige.

So wird es weitergehen über die verschiedenen Hafentätigkeiten. Wenn einer meint: »Hein, schuuw du man de Karr, du hest all'n krummen Puckel!«, dann will er eigentlich nur für gleichmäßige Verteilung sorgen, sich aber keinesfalls selbst drücken. Höchstens mal eben verdrücken, also »kurz verholen für Smoketime«. Das ist die Zigarettenpause mit dem Glimmstengel unter vorgehaltener Hand, weil bei der Hafenarbeit, im Schuppen und in den Laderäumen der Schiffe sowie an Deck das Rauchen verboten ist.

Es heißt im Hafen nicht »der Kai«, sondern »die Kaje«. Ladung per Kran anheben heißt »Hiev up!« und das Absetzen »Fier weg!« Und wenn der Stropp (das die Last umschlingende Seil) nicht glatt angeschlagen ist oder Bruchfehler aufweist, »is dor een Kink in«. Das sagt man ebenso zu einer Sache, die nicht ganz astrein ist. Zur Pause »mokt wi fofftein«, und dann »gifft Anbiet«, wobei der dabei verzehrte Wurstzipfel ebenso Tampen heißt wie sonst ein Ende Tauwerk. Das aufgesammelte Abfallholz wird für das Mitnehmen zum »Holz-Hasen« gebündelt.

Wer weiß schon, was im Hafen »Speckaale« sind? – Das ist gegen Korrosion eingefettetes Langeisen in Bunden. Und »Keuls« (englisch coils) ist Bandstahl in Rollen von oft erheblichem Stückgewicht. Kollo ist eigentlich nur ein Packstück, und Kolli sind mehrere. Doch für den Stauer ist jedes Stück »ein Kolli«. Besonders große und schwere Exemplare sind »ein Dobbass«.

Mit dem Stauhaken angepickt

»Fünf Finger sind der beste Bootshaken«, sagt der alte Seemann. Nur nimmt der Schauermann lieber den Stauhaken zur Hand, wenn er Kisten oder Säcke »anpicken« muss. Doch darf er dabei weder sich selbst noch die Ladung beschädigen.

»Jan Schuurmann« oder eben einfach als Berufsstand »Schuurmann« ist der typische Hafenarbeiter als Stauereiarbeiter, den man an Bord, am Kai und im Schuppen findet. (Schuppen ist sinnverwandt mit »Schauer« und »Scheune«.) In Hamburg gibt es noch einen besonderen Begriff für die Schuppen- und Speicherarbeiter: Es sind die »Spiekerlüd« oder als einzelner der »Spiekermann »(eben von Spieker = Speicher).

Am Lukenrand oder an Deck steht der »Wahrschaumann »und winkt den Kran zum Fieren (Absetzen) oder Hieven (Anheben) ein. Hat mit dem Städtenamen Warschau nichts zu tun, sondern kommt von »wahrnehmen und schauen« und ebenso von »wahr di un schau« (aufpassen). Er wird auch »Decksmann« genannt – im Gegensatz zum Decksmann (ungelernter Seemann ohne Matrosenlehre) in der Bordbesatzung. Die Verständigung mit der Gang unten und dem Kranführer oben erfolgt durch festgelegte Winkzeichen mit besonderer Finger- und Handhaltung, denn Zurufe würden bei dem ständigen Arbeitsgeräusch und wegen der Höhe des Krans ohnehin nicht durchkommen. Meist hat er dabei noch ein Stück Holz oder eine zusammengefaltete Zeitung in der Hand. Er »winkt dann mit dem Paddel«.

Der »Viez« oder »Vize« ist der Vorarbeiter. Er erhält einen tariflichen Eingruppierungszuschlag, den man deshalb »Vizengeld« nennt. Eingesetzt wird er als Lukenvize = Gangvorarbeiter oder als Dampfervize = Schiffsvorarbeiter über mehrere Gänge bzw. der Schuppenviez als Vormann von Landgängen.

Gang ist die Arbeitsgruppe mehrerer Arbeiter, die zusammen eine Hiev (Kranladung) bearbeiten, sprich: die Gäng. Es gibt aber noch besondere Gangarten, nicht als Arbeitsgeschwindigkeit, sondern wirklich als Sondergänge, nämlich die »Schietgäng« zum Aufräumen und Unrat abfahren, die »Laschgäng« zum Festlaschen der Ladung an Deck oder im Raum und die im Hafen überall wenig beliebte »Swatte Gäng«. Das sind die in schwarzen Overalls zur Schiffs- und Ladungsüberprüfung eingesetzten Zöllner, die nach Konterbande (Schmuggelgut) fahnden.

Die Hafenarbeiter werden, wenn sie zu den »ständig unständig Beschäftigten« gehören, aber auch die zur Tagesarbeit vermittelten Aushilfsarbeiter, täglich neu zur Arbeit eingeteilt = vermittelt. Die dafür tätige Verteilerstelle heißt sinnigerweise »Schaapstall«, weil sie dort zusammengedrängt stehen und auf Aufruf warten. Gearbeitet wird in Schichten, im Wechselsystem. Früher (vor 1914), als die tägliche Arbeitszuteilung noch zu den Glücksfällen gerechnet wurde und noch keine Verteilungsorganisation wie heute bestand, waren sie »de Lüd anne Eck«, die der Willkür freier Arbeitsvermittler ausgeliefert waren.

Allen im Hafen Arbeitenden ist eigen, dass sie »nach'n Haben gehn«, zum Hafen gehen, und dass sie »in'n Haben arbeiten«, am Hafen beschäftigt sind. Ihre Arbeit dort ist kein Job, sondern ist »Baantje« oder »Boontje«, den sie mit Stolz ausüben, manchmal schon in nachfolgender Generation und Familienfolge.

Üble Nachrede gibt es manchmal auch, wie ein Kalenderspruch besagt: Die Männer mit den Stauermützen sich an die Hafenmauer stützen, denn immer, wenn ein Stauer soff, wurde ihm knapp der Sauerstoff.

In der »Meisterbude«, dem Schuppenleiterbüro, liegen die Papiere aus für die Beladung bzw. Entlöschung des Schiffes, das im Hafen immer noch »de Damper« heißt. Sie zu sortieren und richtig einzuordnen ist Aufgabe des »Budenschreibers«. Das ist der Büroangestellte im Schuppen oder eben einfach der Schuppenschreiber. Im Hafen gilt auch der als zugehörig im Gegensatz zu dem suspekten Büroangestellten an Land, der als »Kantorknüppel mit Gipsverband« (wegen des weißen Kragens) angesehen wird.

De »Fastmokers« sind der besondere Berufsstand der Schiffsbefestiger, denen es obliegt, mit den Festmacheleinen das Schiff am vorbestimmten Liegeplatz »anzubinden«, d.h. mit den Leinen »am Poller zu belegen«. Darüber hinaus sorgen sie auch noch mietweise für transportable

Gangways (Landgangsstege), wenn das Schiff keinen eigenen geeigneten Steg hat. Sie müssen zum Losmachen bei der Abfahrt wieder da sein.

Andere typische Hafenberufe sind: Wäger – zum Verwiegen einzelner Kollo oder ganzer Partien; Küper und Küfer – gelernte Fachkräfte zur Produktenbehandlung wie Wolle, Baumwolle, Tabak, Kaffee und Wein; Kornumstecher, die zur Entlöschung von Getreideladung benötigt werden; Staplerfahrer – in der motorisierten Nachfolge der früheren Sackkarre; Liftvanfahrer, die hoch oben auf den »Giraffen« sitzen, den hochbeinigen Transporthubwagen für das Verfahren von Containern; Kranfahrer, die beim Einschwenken der Hievs viel »Fingerspitzengefühl« zeigen müssen; Lascher – zum Ladungsfestmachen, meist ausgeübt von gelernten »Timmerlüd« (Zimmerleuten), die auch als »Holtbuck« oder »Holtwurm« fungieren.

»Seilmoker« oder »Takelmann« ist der Segelmacher, Seiler und Takler, der das Tauwerk bearbeitet, daraus Stropps (Anschlagseile) herstellt, Taklings oder Augen als Endbefestigungen oder Anschlagösen einspleißt und der sonst alles macht, was zur Be- und Verarbeitung von Tau- und Drahtwerk sowie Segeltuch und Persenning gehört. Sein Handwerkszeug sind u.a. Schiemannsgarn und Segelgarn, Segelhandschuh, Marlspieker. »Un is de Spleiss ok noch so good, he murt doch rullt weer'n mit den Foot!«, ist sein Wahlspruch.

Der »Kalfakter« ist der sprichwörtliche »Schietenkleier« und gehört zum Reinigungspersonal. Er sorgt für Sauberkeit. Nicht zu verwechseln mit der Tätigkeit des Kalfaterns, dem Dichten der Fugen des Holzbelags an Deck und der Holzbeplankung der Boote mittels Werg und Teer.

Der »Tallymann« hat zu prüfen, messen, zählen, übt also jegliche Form von Kontrollarbeit aus. Wehe, wenn er sich verzählt hat! Er ist Gütermesser und Ladungskontrolleur. Früher hob er sich von anderen Dienstleistern im Hafen dadurch ab, dass er einen original englischen »Bowler« trug, den man im Hafen »Bonschenkocher«, »Kugelgießer« und »Börsenstahlhelm« nannte.

»Quartiersmann« (Quartersmann) ist der Speicherbesitzer oder Lagerhalter, in dessen Quartier das unabgefertigte Zollgut ein- oder zwischengelagert wird und auch eine erste Sortierung/Bearbeitung erfährt.

Die Lieferanten gehören ebenso zum Hafenbild. Dies sind:

- *de Specksnieders*, die Fleisch und Proviant bringen,
- *de Schippschendler* = shipchandler für Schiffsausrüstung,
- *de Isenhöker* mit Eisenwaren und Geschirr sowie Geräten,
- *de Chinamann* (Scheinahmann) für die Bordwäsche (weil früher dafür ein chinesischer Wäscher an Bord gefahren wurde),
- *de Plünnenhöker*, der Textilien liefert und Uniformen anmisst,
- *de Klamotten-Heini* (keinesfalls mit dem Lumpensammler zu verwechseln) ,
- *de Watermann*, der per Schlauchverbindung von der Kaje her das Schiff mit Frischwasser versorgt,
- *de Beerkutscher* mit der Bierlast und den leichten Getränken.

Noch zu nennen wären

- *de Fleutenheini*, der Rangierer der Hafenbahn mit der Trillerpfeife, »de Slickschuber«, das ist der Ewerführer oder Barkassenfahrer,

- *de Dwarslöper* (niederdeutsch für Taschenkrebs), und das ist der Verbandsfunktionär (Gewerkschaftssekretär), der als »Hafenläufer« die Schiffsbesatzungen besucht.

Ein alter Seemannsspruch besagt zwar: Du schallst slapen, wenn du doot bist, du schallst eeten, wenn du an Land bist, du schallst arbeiten, wenn du an Bord bist. Doch nach getaner Arbeit schmeckt ein kräftiger Schluck besonders gut. Dazu trifft man sich gleich vorm Tor an der nächsten »Piesel« oder »Köminsel«, der typischen Hafenkneipe. Dort gibt es die gepflegte »lüttje Lage«, das ist Bier und Köm, und darum heißt der Hafenwirt auch wohl »Lütt- un Lütt-Weert«.

Die Kollegen untereinander sind, wenn sie auf platt miteinander verkehren, allesamt gute Kumpel: »Makkers« , »Kanuten« oder »Knuten«. Und ihr Herr und Meister ist »de Baas«, »Boos« oder »Boss«. Bloß der direkte Vorgesetzte, der Inspektor, der die Arbeit einteilt und kontrolliert, ist – vor allem, wenn er aus den eigenen Reihen emporstieg – »de Annere«, der sich erst einmal Respekt verschaffen muss.

Die Arbeitskleidung ist hafenpraktisch und bordgerecht, entweder als »Bremerjack« (blaues Hemd – ähnlich dem bekannten Friesenhemd), als »Troyer« (Strickpullover mit Rollkragen), als »Blaumann« (entweder blaue Tuchjacke, aber auch blauer Overall) und schließlich als »Ostfriesennerz« (gelbe Öljacke). Nicht zu vergessen die typische blaue Schirmmütze oder die Ballonmütze, auch »Wolkenschieber« genannt.

Unerwünschte Nager im Kabelgatt: Ratten

Wenn die Frage gestellt wird, ob es heutzutage noch Ratten an Bord gibt, erhebt sich sogleich die Gegenfrage, was ein Seemann dagegen unternehmen muss. Er schützt sich durch »Rattenbleche«. Das sind runde Blechteller (»Rattenteller«), einmal bis zur Mitte geschlitzt, damit sie auf die Festmacherleinen aufgesteckt werden können. Damit wird den Ratten der Zugang an Bord verwehrt. Umgekehrt wird aber auch behauptet, sie könnten dann nicht vom Schiff herunter.

Früher auf den Holzschiffen und auch nachher auf den Dampfern, die noch Holzdeckel auf den Luken und hölzerne Bodenbretter hatten, da gab es für dieses Viehzeug gewiss genügend Unterschlüpfe. Sie gehörten ebenso zur Seefahrt wie die Kakerlaken. So sind denn auch die Ratten in den Wortschatz der Seeleute eingegangen und haben zu mancherlei Wortbildungen Anlass gegeben: Da ist zum Beispiel der »Rattenboden« zu nennen. Das ist aber kein Tummelplatz für Ratten, sondern ein Seitenpodest im Laderaum, eine kleine Randerhöhung, die der Schauermann (Stauer) gern als Sitzgelegenheit bei der Arbeit im Luk benutzte, um sich zwischendurch einmal zu »verholen«. –

Aber der Seemann darf im Wachtörn keinesfalls sitzen und träumen, vor allem nicht, wenn es sich um die »Rattenwache« handelt. Das ist die ungeliebte Wache nach Mitternacht bis 4 Uhr morgens, wozu auch »Hundewache« gesagt wird.

Auf den Rahseglern früherer Segelschiffszeiten gab es auch »Rattenschwänze« (»Rottensteerts«). Die waren damals unentbehrlich. Es sind die am Jackstag angebrachten Taustücke, damit die Segel ganz auf der Rah geborgen werden können. Diese Rattenschwänze sind so bemessen, dass sie gleich zweimal um das geborgene Segel geschlagen werden können. Sie hängen in gleichmäßigen Abständen an der Rah – etwa zehn bis zwölf vor dem Segel herunter, wenn jenes nicht geborgen ist.

Manch ein Schiff, vor allem wenn es alt oder verdreckt und im Erhaltungszustand heruntergekommen war, wurde nicht nur bei den Seeleuten, sondern auch im Hafen als »Seelenverkäufer« angesehen und musste sich deshalb schon die Titulierung als »alter Rattendampfer« gefallen lassen. Dabei mussten nicht einmal Ratten an Bord sein.

Aber weil man früher schon wusste, dass sich auf solch einem »Eimer« nicht einmal die Ratten wohlfühlen würden, entstand so die Redeweise: »Die Ratten verlassen das sinkende Schiff!« War vielleicht eher symbolisch gemeint und soll doch einen ernsthaften Hintergrund haben, weil man annahm, dass diese Nagetiere ein natürliches Empfinden für kommendes Unheil hatten. Bloß der weitere Begriff »mit Mann und Maus« ist sprachlich nicht ganz korrekt. Die Redensart besagt nicht, dass Mäuse mit in die Tiefe gingen. Vielmehr kommt diese Redewendung aus Holland und meint, ein Schiff ging mit Mann und Meisje, also mit Mann und Frau, eben der ganzen Schipperfamilie bis zum Bordhund hin, unter.

In alten Seemannsgeschichten ist auch nachzulesen, was die Rattenplage damals an Bord bedeutete. So berichtet der Mecklenburger Richard

Wossidlo, was so um 1850 die Segelschiffsmannschaft erlebte (aus dem Plattdeutschen übertragen): »Wenn die Ratten an Bord überhand nehmen und sich quer durch die Segel hindurchfressen, dann muss Pfeffer dazwischen gestreut werden.« – Ob die wohl geniest haben? – Oder aber auch: »Man muss den Ratten Wassernäpfe hinstellen, damit sie nicht vor Durst den Schiffsboden durchfressen.«

Schließlich sollen sie ja auch Krankheiten und Seuchen übertragen haben. So ist denn noch heutzutage die Bordhygiene nicht frei von diesem Thema, wenngleich es sich dabei vornehmlich um vorbeugende Gesundheitskontrolle handelt. Zu den amtlich vorgeschriebenen Schiffspapieren gehört unbedingt ein »Rattenattest«, das periodisch alle sechs Monate zu erneuern ist und vom Hafenarzt bzw. der Hafengesundheitsbehörde unterzeichnet werden muss. Darin wird bestätigt, dass das Schiff nach entsprechender Inspizierung »frei von Ratten, Seuchen und Ungeziefer« befunden wurde. War das jedoch nicht so, dann war vor der Erteilung des Freigabescheins die umfangreiche »Entrattung« (Entgasung) erforderlich.

Für diese wahrhaft »atemberaubende« und stinkende Arbeit gibt es spezialisierte Desinfektionsfirmen, deren Vorgehen in entsprechenden

Gefahrenstoff-Verordnungen bis auf »Punkt und Komma« genau reglementiert ist. Wenn die Ratten lesen könnten, würde ihnen schon allein von dem Umfang dieser Vorschriften ganz von selbst die Puste ausgehen. Blausäuregas ist aber eben doch sicherer!

Aber das sind heutzutage die selteneren Fälle von Unregelmäßigkeiten, mit denen sich das Hafenamt als oberste Aufsichtsbehörde herumplagen muss. – Wo früher bei den Holzschiffen die Bordratten ein wahres »Eldorado« als Lebensbereich vorfanden, ist heute bei stählernen Schiffswänden und Decksplanken keine Gelegenheit mehr zum Durchnagen vorhanden. Wenn aber dennoch mit der Stückgutladung wirklich einmal Ratten eingeschleppt werden, die sich auf Schiffen »bunter Flaggen« aus exotischen Ländern eingeschlichen haben, oder wenn das Schiff zuvor einen Hafen angelaufen hat, der als Infektionsgebiet anzusehen ist, dann muss der Hafendoktor vorschriftengemäß einschreiten.

Unser Wachtörn der »Rattenwache« ist um. So wollen wir uns denn auf den »Rattenboden« verholen und »Fofftein moken« …

Ladungs-Claim

Schentlemens:

Der last pags off koffee vot ve got from you was mixed mitt rattschitt. Der koffee may be gutt genug, aber der rattschitt it spoils der trade. Ve did not see schitts in der samples wich your agent showed us. Ve orderet kleen koffee und you sented rattschitt mixed mitt koffee und it takes much time do pick der schitts all oud. Der was mistak, und ve brefer dat you schipp der rattschitt in one saks and der koffee in one other saks, und ve vill mix it to suit der gustomers.

Pleese rite if ve should schipp bak der schitt und keep der koffee or should schipp bak der koffee vidout der schitt or schipp bak whole blaasted lott.

Ve vant to doo vat is rite in dis matter aber ve do not like die dam rattschitt piziness.

Mit much respekts,

....

»Hei lücht!«

Hafenbesucher sind verständlicherweise neugierig. Wenn sie Fragen stellen, die zu unbedarft klingen, dann kommt unweigerlich auf die dumme Frage eine noch dösigere Antwort. Überhaupt werden Besucher nach Aussehen und Gehabe sehr schnell charakterisiert und mit treffenden Bezeichnungen belegt.

Dass ne »Deern« ein junges Mädchen ist, dürfte hinlänglich bekannt sein. Sie wird aber auch als »Deidei« oder »Deidsche« benannt. Ist sie besonders schnuckelig geraten, dann wird sie zur »seuten Poppedeidei«. Der sie begleitende junge Mann kommt sicherlich nicht so gut weg, denn er wird zum »Schneidjefidel« oder, wenn er durch arrogante Art nicht gefällt, zum »Ganneff«. Ist er nicht ganz so helle, ist er zumindest ein »Fent« oder ein »doofer Fant«. (Beides kommt ursächlich vom französischen enfant.)

Ein Bursche, sofern er noch nicht zum Jungenalter zählt, wäre typisch bremisch ein »Butjer«. Die noch ganz kleine Schwester ist ein »Grasmieger«, und die Kinder insgesamt sind eben »Gören«. Gören sind auch »Kroppzeug« oder »Krabben«.

Die über das Normalmaß aufgeputzte Dame ist ein »Froensminsch« oder, wenn's noch schlimmer wird, eine »optokelt Fregatt« (wie ein heranrauschendes Segelschiff), und der Mann dazu wäre als »Mannsminsch« wegen seiner Fragen sicherlich ein »neeswiesen Quittje«. Quittjes sind überhaupt alle Menschen, die von weiter herkommen, als der südliche Sichtbereich Bremens ausmacht.

Sehr empfindlich reagiert man auf unzufriedene Typen. Das sind wahre »Quengelbüdel« oder »Quesenbüdel« (Quese ist eine Blase, und die unqualifizierte Sprechweise ist wie blasenweises Blubbern). Die einfachere Form dessen ist immer noch der »Quakkopp«. Ist einer jedoch in seiner Wesensart etwas drängelig veranlagt, dann ist er ein »Schubbsmors«. Und wer negativ eingestuft wird, ist ein »Fiesling«, vielleicht sogar ein widerlicher »Fiesepampel«, im Unterschied zum »Miesling«, der genau wie der »Miesepeter« alles pessimistisch sieht. Dafür ist aber der allzu Optimistische auf jeden Fall ein »Spinner« oder bei etwas weniger im Kopf ein »leewen Dösbaddel«.

Ein Neugieriger, der zuviel fragt, ist »Jan Neeschier«, weil der »mehr fragt als die Polizei erlaubt«. Auf platt heißt das: »De frogt di een

Lock in'n Mors.« Es gibt aber auch notorische Schwätzer, die zu allem ihren Senf meinen hinzugeben zu müssen, das sind dann die »Snackewats«. Und wenn sie allzu kluge Reden führen, kann man sie nur noch als »Klogschieter« titulieren, zumindest aber ist er »een Sabbel«.

Das körperliche Gepräge wird gekennzeichnet als »Langspleiß« für das lang aufgeschossene Männlein; denn ein Spleiß ist die Tauwerksverflechtung, wenn zwei Tauenden zur Verlängerung ineinander gearbeitet werden. Im Gegensatz dazu muss der Kurzgeratene sich den Beinamen des »Knotenforz« gefallen lassen, der genauso gut als »Flottenforz« durchgehen könnte. Ganz anders aber wiederum das »Flottenbabi«. Der ist nun gerade nicht klein und wird umgekehrt eingestuft. Es ist der übermäßige Riesenwuchs mit behäbigen und ungelenken Körperbewegungen. Etwas vierschrötig in seiner Art ist der »Lorbass«. Um schließlich noch den notorischen Drückeberger zu nennen, muss der »Puulpup« oder der »Fuuljan« gleichermaßen Erwähnung finden. Dagegen ist eine »Fuulbrass« etwas ganz anderes, nämlich die an der Schiffsreling hängende Müll- und Abfalltonne. Diese ist von besonderer Wichtigkeit, denn im Hafen darf nichts nach außenbords ins Wasser geworfen werden, und auf See sollte das eigentlich auch unterbleiben.

Zu Anfang dieser Betrachtung ist schon einmal etwas über »Schietgäng« gesagt worden. Wenn dann beim Aufklaren der Laderäume mehr Unrat anfällt, muss eben eine »Dreckschute« bestellt werden, das ist die Müllabfuhr auf dem Wasser. Bleiben der Dreck und der ganze Gammel jedoch an Bord, dann muss der Kapitän sich schon gefallen lassen, dass sein Schiff als ein »dreckiger Rattendampfer« angesehen wird. Da helfen auch »Pütz« (Wassereimer) und »Leuwagen« (Schrubber) nicht.

Ein besonders kennzeichnendes Wort, an Bord und im Hafen, ist »whooling« oder »Wuhling«. Es ist das supernervöse Durcheinander, das man in der Flotte auch mit »Tostand« (Zustand) bezeichnet. Ein falsches Wort in solchem Zustand der Gereiztheit hat schon manchem »den Mors vom Poller geputzt«, d.h. sogar den Ruhigsten aus der Fassung gebracht. Das sollte hiermit aber nicht erreicht werden. Wenn auch die Vielzahl der Hafenausdrücke dem Binnenländer zunächst wie Fremdwörter vorkommen müssen, ist doch das hier Gedruckte die reine Wahrheit. Denn »lögenhaft Vertellen« ist doch schon fast so etwas wie eine üble Nachrede.

Damit zum Wiederfinden des einzelnen Hafen-Fachwortes nicht wieder der ganze Beitrag nachgelesen werden muss, befindet sich am Schluss dieses Buches eine alphabetische Reihenfolge als »Hafenlexikon für Anfänger und Fortgeschrittene«.

Die Schiffbauer

Wenn es so weit war, dass auf einem Segelschiff der Großmast eingesetzt wurde, dann legte man in der Höhlung der Mastspur ein blankes Goldstück hinein, dorthin also, wo der Fuß des Mastes ruhen sollte. Tief unter der Wasserlinie im Herzen des Bodengebälks ruhte dann der Goldfuchs, behütet vom gewaltigen Druck des Mastes und von jenen unbekannten Mächten, die keiner je sah und die doch so mancher Seemann spürte, wenn er in sturmbrausender Nacht das Ruder umklammerte.

Dieser symbolträchtige Brauch wird auch heutzutage noch gepflegt. Jedenfalls wird der »Taler« noch unter dem Mast angebracht. Es wird gleich 'ne

Schutzplatte drüberweg geschweißt, damit er nicht »verloren gehen kann«. Leider ist im Laufe der Zeit der früher damit ausgebrachte Spruch verlorengegangen. Dennoch werden auch heute kräftig »Sprüche geklopft«, insbesondere um die Bauleitung dadurch zu veranlassen, für die erforderliche »Schmierung« in Form eines Umtrunks zu sorgen.

Genau so oder ähnlich ist es bei der Kiellegung für einen Neubau. Da kommt dann ein Pfennig auf den Helgen, bevor die erste Kielplatte abgelegt wird. Der Pfennig bleibt aber nicht liegen. Er wird nach Erhalt der damit verbundenen »Befeuchtung« sorgsam geborgen, um dann später beim Stapellauf wieder präsentiert zu werden. Dann muss er von der Bauleitung wieder eingelöst werden.

Ähnlich ist es mit dem Korken der Sektflasche beim Stapellauf Die von der Taufpatin mit Vehemenz geschleuderte Flasche zerbirst in tausend Stücke. Dann aber wird der Korken gesucht, der noch fest im oberen Rest des Flaschenhalses sitzen muss. An der weißen Tafel des anschließenden Festschmauses wird der Taufpatin nochmals die Verantwortlichkeit des Taufaktes optisch vor Augen geführt, indem eine Abordnung der Werftarbeiter den inzwischen wieder aufgefundenen Sektproppen zur Auslösung präsentiert.

Meist ist das wertvolle Stück in der Werkstatt schnell mit einer Kupfer- oder Messingschelle auf eine Holzplatte montiert worden und wird dann wie eine Jagd-Trophäe vorgezeigt. So hat jede Werft sich irgendwelche Bräuche bewahrt.

Nach dem Vorlagen-Beispiel einer Stapellaufrede befragt, mussten wir leider passen. Dafür gibt es keine Norm. Gerade im Eingehen auf die Eigenart eines Schiffsnamens, auf wesentliche Dinge aus dem Reederei- oder Schifffahrtsgeschehen und im Hineinweben eigener Gedanken liegt die jeweilige Einmaligkeit einer Taufrede. Eines gehört jedoch immer dazu, und das Eine sind immer drei: »Ich *taufe* dich auf den Namen ...«, »Ich *wünsche* dir allzeit gute Fahrt und stets mehr als eine Fußbreit Wasser unter dem Kiel« und »... Ich *grüße* dich mit dreimal HEPP – HEPP – HEPP – HURRA!«

Aus einer alten Speiserolle

In einem alten Seefahrtsbuch von 1856 fand sich in Artikel 18 der REVIDIERTEN SEEMANNSORDNUNG eine Speiserolle, die heutzutage wahrscheinlich auf Unverständnis stoßen würde: »Art. 18. In Betreff der Speisetaxe gilt folgende Regel: Die tägliche Ration für eine Person soll sein: 1 Pfund gesalzenes Rindfleisch oder 3/4 Pfund Schweinefleisch oder 1/2 Pfund geräucherter Speck und 3/4 Pfund Fisch (doch dürfen Fische nur zweimal die Woche gegeben werden); und 1 Gallon Wasser.

Ist die Mannschaft über zehn Mann stark, so erhält sie zusammen noch eine Extra-Ration; ferner Gemüse, getrocknete Erbsen, Bohnen, Grütze, Graupen oder Mehl zur Sättigung; von Letzterem mindestens zweimal die Woche à 3/4 Pfund per Kopf.

Auch erhält jeder Mann wöchentlich 7 Pfund hartes Weizenbrot und so lange der nach der Dauer der Reise (bei weiten Reisen auf mindestens 6 Monate) einzunehmende Vorrath reicht, 1 Pfund Butter. An die Stelle der Butter kann auch Schmalz oder Baumöl treten (von Letzterem für die Woche 1/2 Bouteille) oder wenn beides fehlt, täglich 1/2 Pfund Fleisch oder 1/4 Pfund Speck mehr.

Ein Jeder der Mannschaft erhält ferner wöchentlich 2 Loth Thee, 10 Loth Kaffee, 14 Loth Zucker und 1 Flasche Essig.

Außerdem ist (von hier ausgehend) für die Mannschaft Bier mitzunehmen, bis 1/4 Oxhoft per Mann; wird kein Bier mehr gegeben, so erhält Jeder statt 10 Loth, 14 Loth Kaffee wöchentlich. In Häfen, wo frisches Fleisch oder frische Fische zu erhalten sind, soll davon wöchentlich wenigstens zweimal gegeben werden ...

Es ist Pflicht des Capitains, für guten Proviant und hinlänglichen Vorrath nach Verhältnis der Reise zu sorgen. Desgleichen muss er sich mit einer für die Zahl der Mannschaft genügenden Quantität von Medizin versehen.« Also war nicht nur Rizinus das Allheilmittel!

Für ein Curry braucht man kein Rezept, nur Mut

Curry ist mehr als eine Gewürzmischung, es ist vielmehr eine »Komposition«, ein »Würz-Gedicht« mit jeweils eigener Rezeptur. Gerade die Variationsvielfalt ist doch der besondere Reiz des immer wieder Neuen – im Geschmack und in der Kombination. Curry ist Pflicht und Kür zugleich.

Deshalb gibt es auch kein starres Rezept für die Currysauce schlechthin und für »den Curry« eben als das große fernöstlich erlebte oder nachempfundene Gericht.

Der talentierte Koch und die gute Küche können daran zwar gemessen werden. Dennoch sollte man auch als Hausfrau keine Angst davor haben, sondern man sollte einen »Malayen-Lunch«, eine »Indonesische Reistafel« oder ein sonst als exotisch anmutendes Curry-Essen einfach mit viel Fantasie und mit frisch-fröhlicher Kombinationsfreude angehen. Wenn die Hausfrau z.B. Mathilde heißt, wird es eben ganz einfach »Curry Mathilde«. Da kann keiner etwas gegen sagen.

Zu scharf kann es eigentlich gar nicht werden, auch wenn beim ersten Schluck die Flammen förmlich aus dem Rachen zu schlagen scheinen. Der Reis und die Beigaben sorgen schnell für Milderung, und das ganze führt schließlich zu Wohlbehagen und Wohlvertragen. Also keinesfalls die erste Schärfe mit einem kräftigen Schluck hinunterspülen!

Die »schwächere Schärfe« der Sauce ergibt sich dann, wenn das Curry-Powder nur eingerührt wird. Dann unterbleibt auch der beißende Würzgeruch. Das ist gewissermaßen das Anfangsstadium der Curry-Anwendung. Darum also gleich den Sprung in die Meisterschaft: Wenn er richtig brennen soll, dann muss er »abgebrannt« werden. Das ist für die Köchin und den Hobby-Koch ebenfalls keine Schwierigkeit, höchstenfalls ein Lüftungsproblem. Also nicht von der Küche in die Wohnung hinein lüften, damit die Gäste nicht das große Husten kriegen.

So fängt man denn die Sauce mit einer richtigen »Einbrenne« an, d.h. Mehl in Fett anbräunen, um dann mit der heißen Brühe (des zum Essen verwendeten Huhn-, Rind- oder Hammelfleisches) »abzulöschen«. Soweit eine durchaus bekannte Handlung. Hier setzt nun die Curryverwendung ein, indem der Curry nach dem Mehl ebenfalls eingestreut und so im heißen Fett richtig mit eingebrannt wird. Beim nachherigen Ablöschen hat man wohl das Gefühl eines wahren Gewürz-Feuerwerks, jedenfalls für Nase und Augen. So erlebt die Hausfrau den exotischen Gaumenschmaus wirklich vorweg »aus erster Hand«.

Ebenso wichtig wie die richtige Saucenabschmeckung ist das Garen als »trockenen Reis«, d.h. mit nur gerade so viel Feuchtigkeit, dass er nachher schön körnig verbleibt und zu keiner Kleisterpampe zusammenfällt. Doch der Clou der Mahlzeit ist die nach Vorrat und Einkauf, nach Fantasie und Finanzlage immer wieder neu – und anders – erlebte Zutatenzusammenstellung.

Fleisch oder Fisch zur Currysauce oder Currysauce mit Fleisch oder Fisch ist zusammen mit dem Reis die Grundlage des vollen Tellers, der möglichst groß gewählt werden sollte, damit viele Zutaten »drumherum« passen.

Sie sind zuvor schon geschnibbelt, gehackt, geschnetzelt und gewürfelt worden und stehen in einer Vielzahl kleiner Schüsseln zur Entnahme »rundherum« parat. Mit dem Klacks Reis in der Mitte und der per »Politikus« (der großen Schöpfkelle) darüber hinweggegebenen CurryFleisch-Sauce kann das Lob für die überstrapazierte Köchin nur noch die »große Löffelschlacht« sein. Ein Messer wird beim Essen nicht benötigt, höchstenfalls noch eine Gabel für die andere Hand.

Der Anzahl an Zutaten sind keine Grenzen gesetzt. Erstaunlich ist, was sich alles so miteinander verträgt und miteinander ohne Schwierigkeiten kombinieren lässt: süß, sauer und süßsauer; mild, kräftig und scharf; Fisch und Fleisch; Geflügel und Meeresgetier; Gemüse und Obst; Käse, Eier und Nüsse; roh, gekocht und gedünstet; gesalzen und gezuckert; gebraten, gepökelt und geräuchert …

So rundherum belegt und rundherum wieder abgegessen, hat jeder Löffel voll einen anderen

Geschmack und überrascht durch die immer wieder andere Kombination.

Wegen des kräftigen Curry-Anteils gibt es auch keine Schwierigkeiten für den Magen. Das Gewürz wirkt magensaftanregend und verdauungsfördernd, es sorgt für angenehme innerliche Erwärmung und regt Appetit, Gemüt und Stimmung an. Das nachherige sog. »After-Reistafel-Gefühl« ist ein ebenfalls unbeschreibliches Erlebnis und strahlt Zufriedenheit in höchster Vollendung aus. Was möchte ein guter Koch mehr an Lob, als dass es wunderbar geschmeckt hat!

Am Schluss sei noch ein kleiner, einfacher Hinweis gegeben, wie man es auch umgekehrt wunderbar machen kann: Da ist z.B. ein Bratenrest mit viel Sauce nachgeblieben. Aber davon einfach Gulasch machen, das wäre doch zu fantasielos. Also mit Curry nachwürzen, Reis kochen – und Speisekammer sowie Kühlschrank nach Resten durchsehen. Ein paar Eier sind schnell gekocht und gehackt; etwas Wurst und ein Stückchen Schinken alsbald gewürfelt; eine Gurke, eine Zwiebel oder ein Apfel fix kleingeschnitten; ein Stück Käse findet sich noch zum zerkleinern; eine Dose Sardinen und eine Büchse Mandarinen stehen in der Ecke. Da kommt mit ein wenig Findigkeit ganz schnell ein Dutzend Zutaten für eine »kleine Reistafel nach Art des Hauses« zusammen. Es ist die ideale Resteverwertung und macht dabei noch was her.

Blinder Eifer schadet nur

Am 2. April 1973 beging man das hundertjährige NEPTUN-Jubiläum mit viel Besuch und mit viel Gratulation. Für den nächsten Abend hatten Vorstand und Aufsichtsrat der Bremer Tradition gemäß den Präsidenten des Bremer Senats und allerwichtigste Geschäftsfreunde in das Kaiserzimmer des altehrwürdigen Bremer Ratskellers eingeladen.

Am Tisch zwischen Eingang zum Kaiserzimmer und dem großen Weinfass trifft sich regelmäßig einmal im Monat der NEPTUN-Kapitänsstammtisch. Zwei altgediente Vertreter dieses Berufes waren schon frühzeitig anwesend und »hielten die Position«. Es waren zwei wirklich gut erhaltene Pensionäre, denen man eigentlich ansehen musste, dass es ihnen gut geht und dass sie die Zeit haben, sich und die ihren zu pflegen. Sie trugen, wie das in Bremen beim Ausgehen üblich ist, den unauffälligen grauen Anzug.

Auf dem Weg ins Kaiserzimmer entdeckten die beiden Herren des NEPTUN-Vorstandes ihre beiden ehemaligen Kapitäne. So im Vorbeigehen begrüßte man sich mit Handschlag und wünschte sich gegenseitig einen guten Verlauf des Abends.

Der stets aufmerksame Ökonom des Ratskellers musste wohl vom Hintergrund her diese kurze Szene gerade beobachtet haben. Aber was hatte er sich dabei gedacht? Jedenfalls war ihm wohl der Gedanke an die Stammtischrunde nicht gekommen. Seine Frage an die beiden Herren im grauen Anzug erweckte bei denen zunächst nur ungläubiges Erstaunen: »Die Herren sind wohl die Fahrer, was ist für Sie vorgesehen?« –

Daran hat die ganze Stammtischrunde noch ihren satten Spaß gehabt. Und die beiden Kapitäne amüsierten sich darüber, dass man ihnen im Pensionsalter noch einen neuen Beruf zugemutet hatte.

Ein glatter Durchschuss

Die Haustür bei der ALL (Atlas Levante-Linie) am Altenwall war eine Glasvolltür aus fingerdickem Spiegelglas. Wie es sich beim

Schifffahrtsbüro gehört, prangte hier am Eingang auf den beiden Türflügeln jeweils ein Abbild der Reedereiflagge. Und die waren auch, damit keiner die Glastüren für einen offenen Eingang hielt, beide Male so richtig mittendrauf und in normaler Augenhöhe angebracht.

Ein Seemann hatte es offenbar besonders eilig, mit dem gerade frisch erhaltenen Heuerschein möglichst schnell zum Hafen und auf sein Schiff zu kommen. Jedenfalls musste er mit der Nase wohl genau auf das Flaggenemblem zugelaufen sein und hat die Scheibe dann voll mit der Stirn getroffen. Es hat geklirrt und gescheppert. Der allgemeine Büroschlaf war jäh unterbrochen, und in der Postabfertigung ist dem Max der ganze Briefstoß aus der Hand gefallen. Die Telefonistin hat den Hörer fallengelassen und ganz verdattert zur Tür geschaut. Sie meinte nachher, dass sie Angst vor einem hereinfahrenden Auto gehabt hätte. Und dann war wieder Stille. Ein etwas mehr als kopfgroßes Loch war dort, wo mal das Reedereisymbol zu sehen war. Sonst gab es keinen Sprung im Glas und keinen weiteren Schaden.

Auch dem Jantje selbst war nichts geschehen; keine Beule, kein Kratzer, noch nicht einmal

Nasenbluten. Für den neugierigen Beschauer war das Ganze eigentlich unerklärlich, aber immerhin doch sehr bemerkenswert. Darüber war man sich einig: Der muss wie ein Punchingball dagegen geschlagen sein. Jedenfalls hieß er seitdem an Bord und in der Kompanie »Heini mit dem Gummikopp« …

Die Story vom verlorengegangenen Steuerrad

Zwischen Schwesterschiffen herrscht üblicherweise ein an sich aufmunterndes Konkurrenzstreben, wenn auch mit erwas Schabernack und Schadenfreude durchsetzt.

Zwei Kompanieschiffe, beide acht Jahre alt und im gleichen Fahrtgebiet eingesetzt, liegen zum ersten Mal im Hafen direkt hintereinander. Auf Schiff »S« findet während des Ladegeschäftes eine Abladerparty statt, und auf Schiff »M« ist normaler Lade- und Wachbetrieb. »S« soll noch am gleichen Abend fahren.

Kurz vor Seeklarmachen entdeckt der 1. Offizier, dass auf der Brücke von »S« das Steuerrad fehlt. Man vermutet den Täter unter den Gästen, die inzwischen das Schiff verlassen haben.

Steuerräder sollen angeblich beliebte Souvenirs und begehrenswerte Trophäen für Partykeller sein. Doch bei solcher Gesellschaft, da hat man eigentlich selbst Zweifel. Dennoch. Es erfolgt sofort Meldung an die gastgebende Reederei und an die Wasserschutzpolizei, nachdem die Suche an Bord ergebnislos verlaufen ist. Verständlicherweise erzählt man auf dem Schwesterschiff nichts von diesem Malheur, wohl schon deshalb nicht, weil der Kapitän von »M« jahrelang auf »S« als Kapitän gefahren hat.

Der Kapitän von »M« ist an Land gefahren und hat von der Bordparty auf »S« nichts gewusst, denn sonst hätte er dort gewiss den obligatorischen Höflichkeitsbesuch abgestattet.

Beim Rundgang durch das Schiff entdeckt der Wachhabende ein einsames Steuerrad, das an der Tür des Kapitäns von »M« lehnt. Nur weiß auf »M« noch niemand erwas vom Verlust auf »S«, und man wundert sich. Letztlich sorgt der »Küstenfunk« für richtige Rückkehr durch entsprechende Verbreitung der Nachricht. Nicht aufzuklären ist der Täterkreis. Es gibt keinen wirklich Tatverdächtigen, höchstenfalls nebulöse Vermutungen. Auch über das Tatmotiv tappt man im dunkeln. Mit einem zwinkernden Lächeln wird lediglich kommentiert, was man selbst in ähnlicher Lage getan haben würde, wenn ...

Komm mi nich anne Farw!

... soll der alte Bootsmann noch im Traum gesagt haben. Aber das hier war schon fast eine Katastrophe.

Bei der Bremer Vulkan-Werft waren zwei Schwesterschiffe gebaut worden; je eine »German Liberty« für eine Hamburger und für eine Bremer Reederei. Indienststellung des Bremer Schiffes war zur schönsten Sommerzeit. Die Übernahmefahrt (mit Gästen) sollte ab Vegesack erfolgen, denn diese Schiffsgröße war immerhin das Paradepferd beider Reedereien. Es war an Vorbereitungen wirklich alles Erdenkliche getan worden, um den Gästen ein schmuckes Schiff zu präsentieren.

Die Anlieferung der »Stores«, also der gesamten Ausrüstung an Gebrauchs- und Verbrauchsmaterialien, erfolgte einen Tag vorher per Sattelauflieger über den Werftkai. Und der große Werftkran, der sonst nur schwerste Schiffbauteile zu bewegen hat, wurde hier als

Stückgutkran eingesetzt. Er schwenkte die vollbeladenen Paletten in schöner Regelmäßigkeit an Deck, wo emsige Hände sich bemühten, alles schnell wegzustauen.

Als die »Farbenlast« an der Reihe war (die Palette schön vollgepackt mit 10-Liter-Eimern Decksbiturol, also der schwarzen Teerfarbe für die Decksplanken), musste es natürlich passieren. Durch eine kleine Unaufmerksamkeit – ob beim Kranführer oder beim Wahrschaumann, ließ sich nachher nicht feststellen – tickte die Palette mit einer Ecke irgendwo an. Die Last schwankte, und der ganze Segen kam im wahrsten Sinne des Wortes von oben. Die Eimer schlugen auf die Reling und platzten auf. Ein paar Meter breit ergoss sich ein schwarzer Farbenstrom über die im noch frischen Grau erglänzende Bordwand. Jedenfalls herrschte an Bord und bei der Werft anschließend jene bekannte Situation, die man bei der Marine und in der Flotte allgemein schlichtweg mit »Tostand« (Zustand) kennzeichnet. Das dabei Gesagte ist nicht wiederholbar! – Aber was half es! Bis zum anderen Morgen waren schließlich immerhin noch fast 20 Stunden Zeit. Und die Werft machte das schier Unmögliche wahr: Mit »Einsatz aller Kräfte« wurde die schwarze Brühe mittels Verdünnung abgewaschen und die Schadstelle dann sauber trockengewischt. (Eingeweihte wissen, wie schwer das ist, eine Stelle sauber zu malen, an der vorher Teer gesessen hat, weil Teer die Farben auflöst.) – Die »Pinsel-Gang« musste nochmals ran. Sie hat bis spät in den Abend hinein eifrigst »gemalen«. So haben die Gäste am anderen Morgen nichts gemerkt und wollten die Story über dieses Ereignis schon als Seemannslatein abtun. Sie glaubten es wirklich erst, als man ihnen beim Betreten des Schiffes wohlmeinend sagte: »Komm mi nich anne Farw!«

Immer wieder dieser Johnny!

Johann hieß er und war ein echter Pusdorfer Jung, kam also vom linken Weserufer, aus Woltmershausen. Pusdorf soll dieser Ortsteil darum heißen, weil dort immer der Wind von der Weser her steht, es eben stetig pustet. Johnny hatte es schon von kleinauf an das Wasser gezogen, und er kannte sich am Weserufer genau so gut aus wie nachher im Hafen. Zur Seefahrt zu kommen, das hat er nicht geschafft. Aber durch die kaufmännische Lehre in einem Schiffsausrüstungsbetrieb erfüllte sich für ihn »auf naheliegende Weise« doch der Wunschtraum von Schiff und Hafen.

So sei es erlaubt, nur ein paar seiner vielen Erlebnisse nachzuerzählen, so wie wir uns früher mit ihm beim »Vertellen« darüber »duchtig högen« konnten. Wenn er so über das ganze Gesicht lachte, dann stellte er die großen Ohren immer »querab in Segelstellung« und konnte ganz erstaunt dreinblicken, wenn man ihm seine »Stories« nicht glauben wollte.

Trotz mancher kriegsbedingter Schwierigkeiten war es für ihn dennoch eine sonnige Lehrzeit, die er teils im Büro direkt an der Weser und teils im Hafenspeicher oder sonst im Hafen verbrachte. Überall musste er seine neugierige Nase hineinstecken.

So fand er eines Tages im Speicher auf dem obersten Lagerboden ein kleines granatenförmiges Gebilde, dessen Geheimnis ihn von Tag zu Tag mehr reizte. Er wusste natürlich (noch) nicht, dass es eine für Echolot-Messungen einzusetzende Wurfpatrone war. Immer wieder nahm er das Ding in die Hand, bis ihn schließlich »der Hafer stach« und er eines Tages die kleine

Granate »so einmal probehalber« im Speicher über das Geländer den Treppenschacht hinunterplumpsen ließ. Das Ergebnis erinnert an Wilhelm Busch: »... wumms da ging die Pfeife los – Überraschung riesengroß ...« – Es hat gerummst und gescheppert, eine Tür und ein paar Scheiben waren herausgeflogen, ein gerade in jenen Kriegstagen nicht ungewöhnlicher Anblick. Nur konnte sich keiner erklären, was das wohl gewesen war, so ganz ohne Fliegeralarm.

Der gute Johnny hat sich erst einmal verkrochen und wurde den ganzen Tag nicht mehr gesehen. Im Büro hat er nachher hochheilig versichert, die ganze Zeit an Bord eines zu beliefernden Schiffes gewesen zu sein, wo die Abfertigung so irrsinnig lange dauerte. Und wegen der Sommerhitze sah man ihm den roten Kopf gar nicht an.

Dann fand er bei anderer Gelegenheit ein paar wegen des Verfalldatums ausgesonderte Seenotlichter. Als »plietschen Jung« wusste er auch damit etwas anzufangen. Also erst einmal seitwärts reserviert und für die nächste Silvester-Knallerei zurechtgelegt. So ganz sicher war er sich aber doch wohl nicht, wie so ein Ding nun an Land wirklich leuchtet. Also hat er es in der

Silvesternacht vorsichtshalber in einem abseitigen Trümmergrundstück zur Entzündung gebracht.

Das hat geleuchtet und gequalmt, dass es eine wahre Freude war. Die Feuerwehr hat sich aber keinen Reim darauf machen können. Und Johnny saß mit seinen Freunden in der sicheren Deckung eines abgelegenen Kellerniederganges. Aber nochmals wollte er sich nicht wieder daranwagen. In den ersten Zeiten nach Kriegsende gab es immer noch abendliche Sperrzeiten, die jedenfalls in der Innenstadt schon beachtet werden mussten. Somit konnte bei spätabendlichem Einlaufen eines Schiffes der »Shipchandler« zur Bestellannahme manchmal nicht mehr an Bord gehen, um nicht Gefahr zu laufen, nachher im Hafen festzuhängen. – Johnny war vom Rablinghauser Deich aus schwimmen gegangen und spaddelte bei heller Mondscheinbeleuchtung munter in der Weser. Von einem gerade zum Europahafen einlaufenden kleinen Küstenfrachter fragte man zu ihm herunter, ob man ihm irgendwie helfen könne. »Jo, lot mi man an Bord!« Er witterte seine Chance, kletterte hoch und gab sich vom Berufsstand her zu erkennen. Einen nur mit Badehose bekleideten schwimmenden Schiffshändler, das hatte man noch nicht erlebt. Und das schier Unglaubliche gelang: Der Kapitän war ein verständnisvoller Spaßvogel und erteilte mündlich seinen Auftrag. Er wollte wohl selbst einmal sehen, was daraus werden sollte. Johnny hüpfte fröhlich wieder von Bord und schwamm über die Weser zurück. Nur am nächsten Morgen herrschte überall Unglauben über solches Geschehen. Johnny stellte wie gewohnt die Ohren auf Segelstellung und sorgte selbst für das Zusammenpacken »seines« Auftrages. Der wurde dann ordnungsgemäß ausgeführt. Wenn das keine Pusdorfer Findigkeit ist, notfalls auch in der Badehose »auf Akquisition« zu gehen?

Einmal hatte er sich an Bord »beim Beklönen festgeschnackt«, nachdem die Ausrüstungslieferung so gerade vorm Auslaufen noch geklappt hatte. So war er nicht dahintergekommen, dass seine Kollegen schon von Bord gegangen waren. Die hatten geglaubt, er wäre schon vorweg runter. Ihm selbst war es nicht aufgegangen, dass der Russendampfer schon abgelegt hatte. Die Schlepper zogen schon hafenauswärts. Durch das Anspringen der Maschine, als das Schiff zu rütteln anfing, wurde Johnny plötzlich munter und wetzte hinaus an Deck. Die an Bord wollten ihn gewiss nicht mitnehmen, sondern hatten einfach ihren Spaß an dem lustigen Gesellen gefunden. Jetzt aber »hatte er Muffe«. Das Schiff war ja schon fast an der »Akschen« (A.G. »Weser«) vorbei. Er hat gepfiffen und gewunken und so lauthals gebölkt, bis man auf einem der Schlepper, der gerade ausslippen wollte, auf ihn aufmerksam wurde.

So kam der Schlepper nochmals längsseits, um Johnny in wahrhaft letzter Minute von Bord zu helfen. Sonst hätte er wohl bis zum Lotsenwechsel vor Bremerhaven mitfahren müssen. Fortan hat Johnny darauf gesehen, immer rechtzeitig von Bord zu kommen, auch wenn man mit einem weiblichen Schiffsoffizier noch so gut hat plaudern können.

Die Barkasse ist weg

Mit MS »Ariadne« ging die Reederei dazu über, die Schiffe mit Deck-Kränen statt mit Ladebäumen auszustatten. Und wen reizte es damals nicht, die Dinger mal auszuprobieren?

Am Tag vor der Übergabeprobefahrt lag der Neubau gut vertäut im Fischereihafen in Bremerhaven. Einige Interessierte hatten sich schon an Bord eingefunden und es auch geschafft, den gefüllten Kühlschrank ausfindig zu machen, ihn zu öffnen und sich mit Flüssigem zu bedienen. Auf Routinefahrt durch den Hafen war mit der Dienstbarkasse der überall in Bremerhaven gut bekannte B. unterwegs. Das neue Schiff veranlasste ihn, etwas näher ranzufahren. Nach kurzem »Rees« über die Bordwand hinweg machte er die Barkasse längsseits fest und enterte über das Fallreep an Bord. Für einen exquisiten Umtrunk war auch er stets zu haben. Doch dann kam die Überraschung, und unter allen Flüchen langer Seemannszeit stellte er fest: Die Barkasse war weg! Nur ein loser Tampen baumelte da noch!

Also war Suchen die Parole der Stunde. Mit einem beim Pförtner entliehenen Fahrrad wollte er gerade los, als sich die Werftleute oben an der Reling vor Lachen kaum noch halten konnten: »Na, komm man wieder rauf!«, hieß es. Und dort fand er »sein« Schiff wohlbehalten im Laderaum der »Ariadne« wieder. Der Bordkran hatte seinen Test bestanden.

Die Postboje

Klingt wie eine unglaubliche Geschichte und ist doch wahr: Dem unwissenden Neuling an Bord, dem Moses, wird gleich auf der ersten Reise gesagt, nachdem das Schiff aus dem letzten Kontinenthafen ausgelaufen ist und nach einem Kurs »längs der Küste« auf den großen Törn »quer über den Teich« gehen soll, noch schnell einmal Post für zu Hause zu schreiben. So ein bisschen geheimnisvoll wird dabei schon operiert. Auf seine schüchterne Frage, wie das denn weiter funktioniert, erhält er nur die lakonische Antwort: »Geht mit der Postboje ab!« – »Kannst schon erkennen, da ganz vorn!« –

Die Postboje aber ist nun mal kein »Briefkasten auf See«, aber auch keine Fantasie-Erfindung, sondern sie ist eine jener sonderbaren Seefahrt-Realitäten, von denen »de armen Lüüd an Land« gar keine Vorstellung haben können. So muss der unerfahrene Decksjunge das wohl glauben, denn alle seine »Makkers« sind schon fleißig am schreiben, obwohl er immer noch nicht weiß, wie das ganze Manöver nun tatsächlich funktionieren soll. Der »Schmadding«, was der Bootsmann ist, hat zusammen mit einem der »Flurplatten-Indianer«, wie die Maschinen-»Assis« genannt werden, inzwischen tatsächlich so eine Art Boje aus einer leeren Schmieröldose gebastelt, an der sich ein angelöteter Fahnenstock befindet mit einem Wimpel oben an, auf dem ein Posthorn aufgemalt ist.

Die eingesammelten Briefschaften werden in einem Plastikbeutel wasserdicht verpackt unter Hinzufügung einiger Dollarnoten in Ermangelung der erforderlichen Briefmarken. Als Bodengewicht kommen noch eine natürlich volle – Whiskyflasche und eine Stange Zigaretten als »Finderlohn« mit in den Behälter hinein und ein freundlicher Gruß an den Finder mit der Bitte um Weiterbeförderung. Dann wird die Büchse sorgsam abgedichtet und wirklich als Boje mit einem kräftigen »Let go!« dem feuchten Element übergeben und ihrem Schicksal überlassen. – Meistens sind es Fischersleute, die das ominöse »Fundstück« aufnehmen – und es tatsächlich wie erbeten behandeln. Seeleute haben überall in der Welt Sinn für Humor und Verständnis für witzige Einfälle. So ist es kein Wunder, dass die Post irgendwann tatsächlich ankommt, sondern wirklich eine der vielen Absonderlichkeiten, welche die Seefahrt bietet. – Wer es nicht glaubt, muss einen Grog extra ausgeben.

Käppen Brass

gilt für den Urtyp des Seemannes, der als »master next god« Großsegler »um die Hörn« (um Kap Hoorn) gefahren hat und der so viele Geschichten aus seiner Fahrenszeit zu erzählen weiß. Dass diese Art von Seegeschichten nicht ausstirbt, darum bemüht sich einer unserer zeitgenössischen Schriftsteller ganz besonders mit der achtersinnigen Figur des »Käppen Möhlenbeck«. – (Gerd Lüpke)

Übrigens: Ein Kapitän hat ein Schiff gefahren, aber der Seemann ist auf einem Schiff gefahren; das ist eben einer der feinen Unterschiede der Seemanns-Sprache.

Klare Wissensdefinition

Der »Käppen« (Diplom-Nautiker), sagt man, wäre einer, der glaubt sehr viel über sehr wenig zu wissen und bei dem es darauf hinausläuft, dass er mehr und mehr über immer weniger weiß ... bis er schließlich praktisch alles über gar nichts mehr weiß.

Der »Chief« (Schiffsbetriebs-Ingenieur), sagt man, ist andererseits einer, dessen Wissen mit nur sehr wenig über sehr viel beginnt und bei dem die Entwicklung dahin geht, fortschreitend weniger über alles mögliche zu wissen ... bis er zum Schluss überhaupt nichts mehr über alles weiß.

Der »Broker« (Schiffsmakler) startet seine Tätigkeit mit einer umfassenden Kenntnis über praktisch alles, aber verliert letztlich all sein Wissen, bis er gar nichts Genaues mehr weiß ... aufgrund seiner ständigen Kontakte zu Kapitänen und Ingenieuren.

Shanties

Bei Musik- und Folklore-Veranstaltungen »an der Küste«, also oben in Norddeutschland, gehören immer wieder Shanties dazu. Die Zahl der entweder in blauweiß gestreiften Seemannshemden oder im marineblauen »Buscherundje« auftretenden Seemanns-Chöre ist in den letzten Jahren ziemlich angestiegen. Sie pflegen das überkommene Liedgut der Arbeitslieder der Seeleute aus den alten Windjammerzeiten. Die Shanties waren Wechselgesänge, die zu den einzelnen Arbeitsgängen auch unterschiedlichen Takt hatten, um dann im Refrain immer die gewünschte

Anstrengung z.B. beim Einholen von Ankergeschirr oder Durchholen von Leinen zu bewirken. So ist es wohl auch immer wieder geschehen, dass die Vorsänger (Shantymen) sich ihre eigenen Texte einfallen ließen, auf die Eigenart ihres Schiffes oder ihrer Crew abgestimmt. Oder aber sie beschrieben darin besondere Erlebnisse, überstandende Gefahren oder auch unerfüllte Wünsche bei nächsten Landerlebnissen.

Auch heutzutage wird fleißig geschippert. Sogar »klippern« gehört zum Angebot, als Schnuppererlebnis und als echter Segeltörn. Ob sie sich dabei noch eigene Lieder machen? Ich meine, ja. Denn wenn die Freiwache an Deck oder im Luk zusammensitzt, kommt schon diese Stimmung auf, in der dann ein »bordeigener« Song entsteht. Hier ist so ein modernes Beispiel:

Nomen est omen

Namen haben ihre Bedeutung, auch wenn der Ursprung später manchmal nur noch schwer zu ergründen ist. Mit den Schiffsnamen hat es dabei noch eine besondere Bewandtnis. Entweder bestehen seitens des Eigners besondere persönliche Beziehungen zu dem Fahrzeug, das dann einen ihm liebwerten Namen erhält, oder er will über die Namensgebung irgendwelchen besonderen persönlichen oder geschäftlichen Verbundenheiten einen sichtbaren Ausdruck verleihen.

So ist es zumeist üblich, wenn eine Serie von Schiffen in Auftrag gegeben wird, miteinander im Zusammenhang stehende Namen auszuwählen. Darin hat jede Reederei ihren eigenen Stil. Manche nehmen dafür Städte- oder Ländernamen, andere wählen Burgen oder Klassiker; ebenso beliebt ist es, einen Namensausflug in die Mythologie zu machen. Meist aber wird eine namentliche Zuordnung in der Form angestrebt, dass Schiffsname und Reedereiname zu einer gedanklichen Einheit werden. Dennoch ergeben sich häufig wieder abweichende Schnörkel, wenn aus besonderen Geschäftsverbindungen heraus zu speziellen Namen gegriffen wird.

Der Mann im Hafen, der im Ladungsbetrieb im Laufe der Woche auf mehreren Schiffen zu tun hat, macht sich verständlicherweise nur wenig Gedanken über die jeweilige Namensbedeutung. Für ihn muss der Schiffsname einfach nur einprägsam sein. Fremdsprachliche Namen werden dabei klanglich eingedeutscht. Und ansonsten ergeben sich zuweilen amüsante Namensänderungen: Aus »MARS« wird plattdeutsch »Mors« und aus der griechischen Muse der erzählenden Dichtung »KALLIOPE« wird im Hafenjargon zu »KALLI AFFE« – Der legendäre Helgolanddampfer »ROLAND VON BREMEN« war in seiner Stabilitätslage reichlich rank und neigte deshalb dazu, bei Seegang sehr heftig zu rollen, was bei den »Paschieren« (Passagieren) entsprechendes Unbehagen verursachte. Deshalb hieß er bei den Inselfahrern auch nur der »Rolland«.

So gilt grundsätzlich für den allgemeinen Seefahrts-Sprachgebrauch, dass ein Schiff als Geschlecht immer weiblich ist, auch bei noch so männlichen Namen. Also, es heißt im Hafen und an Bord: »die NEPTUN« und »die ZEUS«, obwohl beide typisch männliche Gestalten der Götterwelt sind. Auch im Englischen heißt es: »A vessel is she!«

Das musste sich auch ein Herr von Bismarck gefallen lassen. Als Schiff heißt er »die« und nur als Heringszubereitung wird er zum »der«.

Übrigens wurde der uralte Disput über die richtige Aussprache altgriechischer Namen, ob es z.B. kurz »ZEUS« oder etwa ganz gedehnt

»ZE-US« heißt, von einem gewichtigen Bayern in drakonischer Eindeutigkeit entschieden. Er erklärte kurz und knapp: Es kann wirklich nur »ZEUS« heißen, denn man spricht doch auch nicht vom »Pre-uß«, sondern immer nur vom »Sau-PREUSS«. Der muss es ja wohl wissen, da kann man halt nichts machen. –

Zum Schluss aber noch eine beruhigende Betrachtung: Weibliche Glücksbringer hat es in der Seefahrt immer gegeben, nämlich die stattlichen Galionsfiguren, die früher den Steven eines Seglers zierten. Die sollten Schiff und Besatzung schützen, und so waren sie schon seit jeher diejenigen, die sich immer zuerst die Nase stießen. Nur die alten Römer hatten auf ihren Galeeren statt dessen einen Rammsteven, um den Gegner abzubuddeln.

Sicher an Anker liegen …

»Marine-Stil« in der Kleidung und »Nautiquitäten«, also seemännische Antiquitäten als Wohnungsschmuck, das ist die moderne Seeverbundenheit der Deutschen und soll hier keineswegs als Albernheit verdammt werden. Steuerrad und

Anker finden heutzutage vielerlei Anwendung im Rückbesinnen auf Sinnbild, Symbolik und als Glücksbringer. Was in der christlichen Seefahrt zum täglichen Anfassen gehört, wird so zum fassbaren Kennzeichen, zum Schmuck und Talisman ...

Doch was ist nun der Anker wirklich? Um das zu erklären, muss zuerst schon der Griff ins Lexikon sein:

1. Der Anker ist eine meist hakenförmige Vorrichtung zum Halten des Schiffes am Grund. Seine Haltekraft wird durch Eingraben in den Gewässergrund bewirkt und durch Ankerkette oder Ankertau auf das Schiff übertragen.

Nach der Form werden als wichtigste und bekannteste unterschieden:

a) Stock- oder Admiralitätsanker und Trotman-Anker; alle mit dem oben querstehenden Stock und in seiner klaren Grundstruktur mit unten zwei festen Armen (»Flunken«),
b) Draggenanker mit vier oder sechs Armen, bzw. in der kleineren Form als Warpanker, die auch als Suchanker eingesetzt werden,

c) Patentanker wie Hall-Anker, Gruson-Anker, Speek-Anker und Klipp-Anker mit dem beweglichen Joch mit zwei »Flunken«,
d) Pilz-Anker mit den schaufelförmigen Armen oder als Schild-Anker mit der einteiligen Schaufelschale,
e) Treibanker aus Persenningtuch in Form eines trichterförmigen Sackes zum Richtunghalten.

Doch auch in Technik und Bauwesen wird der Begriff Anker vielfach verwendet, immer in der Bedeutung für Zusammenhalt, Sicherheit und Stabilität. So

2. im Maschinenbau die Eisenstangen zum Zusammenhalten von Maschinenteilen; aber auch von Mauerwerk und Balken. Dabei wird der Anker zum »Zuganker«.
3. In der Mechanik ist er ein Stück Eisen, das durch die Kraft seines Magneten in Drehung gerät, und das Teilstück eines Elektromotors, wo der Strom aus dem Magnetfeld heraus für den Drehantrieb sorgt.
4. Ebenso bekannt ist, dass in der Ankeruhr die Unruhe vom Anker gesteuert wird,

wenn das Steigrad in das federgezogene Uhrwerk eingreift und so den gleichmäßigen Gang bewirkt.

5. Sogar als Maßeinheit wurde der Anker genutzt, denn bei den alten Preußen war der Anker das gültige Maß für 34 Liter.

Wir können in unserer Betrachtung aber noch ein Stück weiter vorangehen, wenn wir überlegen, was aus der Sprache der Seeleute in unsere tägliche Ausdrucksweise eingeflossen ist. Wenn z.B. ein Mensch sich ganz vorsichtig an eine Sache heranlaviert und sich dann auf bedächtige Weise festlegt, spricht er schon von einem behutsamen »Ankermanöver«. Ist daraus dann eine bestimmte Position oder ein Standpunkt geworden, man eben letztlich »sicher an Anker gegangen« ist oder man sich schlichtweg festgelegt hat, dann sagt man wohl schon auch, man habe den »Anker fallen lassen«. Das ist dann, wenn man sich nach gründlicher Überlegung zu dem Entschluss durchgerungen hatte des »let go anchor!«. – Und damit kommen wir zum eigentlichen Thema Seefahrt wieder zurück:

Auch beim »Ankerliegen« heißt es immer noch aufzupassen, damit bei mitgehender

Wasserbewegung »vor Anker/an Anker« nicht die Kette abgedreht wird. Das kann auch im übertragenen Sinne angewendet werden. Ist es dann soweit, die Fahrt wieder aufzunehmen, dann heißt es »Hiev up Anker!«. Das ist heutzutage beim Motorschiff mit der maschinellen Mechanik nach moderner Knopfdrucksteuerung schnell getan. – Aber früher auf den Klippern vergangener Segelschiffszeiten war das beschwerliche Knochenarbeit. Das gibt es heutzutage noch beim Mannschaftssegeln auf den »train sail«-Ausbildungsklippern: »Und morgen früh, so Gott will, dann stehst du wieder mal am Spill!« Dann gilt es, mit der Groß-Doppelkurbel, immer ein paar Mann zugleich auf beiden Seiten, in langwieriger Kurbelei den Anker aus dem Grund zu holen. Wenn »vier Schäkel Kette stehen«, dann heißt das, bald eine halbe Stunde lang tüchtig drehen zu müssen, wenn der Sperriegel an der Winsch im Takt klickert. Die Schwielen an den Händen kommen dann nicht nur von der Arbeit an den Leinen. Heute werden dabei höchstenfalls »dumme Sprüche geklopft«, aber keine Shanties mehr gesungen.

Doch früher auf den Großseglern, den Viermastklippern, geschah solche Arbeit im

Singsang-Takt. Die Shanties waren Arbeitslieder, damit man nicht aus dem Takt kam. Hier ist solch ein Beispiel:

»Heav em up, huro, jolley!
Hol em up, huro, jolley!
Heav em up met dem huro, jolley!
Up met em, huro, jolley!«

So sangen die Matrosen beim Ankerlichten. Der Takt war immer nach der gleichen Melodie: erst langsam und träge, dann ein bisschen ungeduldig und zum Schluss munter und lustig. Das hatte einen ganz einfachen Grund, nämlich dass am Schluss immer auf Kommando zugleich gezogen werden musste. Bei »huro« und »jolley« musste kräftig »gerissen« werden.

Auch auf deutschen Werften wurde vor hundert Jahren noch so gesungen, wie z.B. in Kiel:

»Ho! Hei! Zieh an und lichte dich, pall!
Zieh an, hei! und lichte dich, pall!
Zieh an hei! und lichte dich und zieh, pall!«

Dabei war »pall!« der Befehl (von englisch »pull«) zum Ziehen. Es konnte auch so klingen:

»Ei ho! Faat em an! – So!
Ei ho! Alle Mann! – So!
Ei ho! Pull em up! – So!
Ei ho! 'n grot'n Ruck! – So!«

Solche Anstrengung bedurfte schließlich auch einer Belohnung. Und damit der Meister oder der Bootsmann diese nicht vergisst, wurde auch in den Versen »zartfühlend« daran erinnert:

»Ei ho! Noch'n Bluck! – So!
Ei ho! Nu gifft 'n Schluck! –
So! Ei ho! Faat em an! – So!
Ei ho! Alle Mann! – So!«

Dann gab es für den Kapitän keinen Ausweg mehr. Er musste »Besanschot an!« geben – und jeder bekam seinen Schluck.

Eine fernöstliche Story aus Singapore

In einem Unfallbericht ist zu lesen, was ein nach außenbords fallender Rosthammer bewirken kann: Ein Matrose arbeitet in sieben Metern Höhe auf einer Außenbordsstellage, denn

Rostklopfen ist auch heutzutage noch eine durchaus erforderliche – aber keinesfalls immer beliebte – Liegezeitbeschäftigung. Klar, dass der Kapitän auch mal nachsehen will, wie der Stand der Arbeit ist. Von einer längsseits liegenden Barkasse aus wird also inspiziert. Solch ein Nadelrosthammer wiegt immerhin die Kleinigkeit von 2,5 kg. Und reichlich warm ist es auch.

Gerade im Augenblick des Inspizierens fällt dem Jantje das Ding aus der Hand. Fügung des Schicksals: Es ist wie bei der herunterfallenden Butterstulle, die auch immer mit der Marmeladenseite auf den Boden klatscht. So plumpst hier der Hammer dummerweise nicht ins Wasser, sondern knallt dem Kapitän, wie magnetisch angezogen, direkt auf den Fuß. Trotz getragener Sicherheitsschuhe gibt es eine schmerzhafte Prellung, die sich nachher zur satten Schwellung auswächst. Es ist eine Regel, dass man sich im Hafen nicht unter schwebende Kranlasten stellen darf, aber dass solcher Segen einem von oben direkt ins Boot fällt, wer ahnt das schon? –

Zu allem Überfluss ist dabei durch die Schreckbewegung auch noch die Brille des Kapitäns im hohen Bogen ins Wasser geflogen und war futsch. Da hätte der Klabautermann doch auch ein wenig besser aufpassen können und für umgekehrte Fallrichtung von Hammer und Brille sorgen sollen. Eine Brille auf den Hühneraugen hätte sich doch viel besser ausgenommen …

Damals im Hafen: Späße und Schabernack

Durch unachtsames Hantieren war eine Exportkiste von der Schuppenrampe gefallen und auseinandergeplatzt. Gewollt oder ungewollt, das blieb eine offene Frage. Der Inhalt lag auf der Kaje herum und entstammte einer Lieferung hygienischer Gummiwaren. Klar, dass der Schuppenmeister eine Schadensmeldung machte. Aber inzwischen waren schon einige Packungen als verwendungsfähig mitgenommen worden, »organisiert« nannte man das damals. Irgendwie war einem dort gerade tätigen Handwerker des Technischen Betriebs auch ein Paket »so ganz einfach nur auf den Schuh gefallen« und dadurch in seiner Werkzeugtasche gelandet. Na, in der Werkstatt entstand darob die achtersinnige Frage, was sonst wohl noch damit anzustellen sei. »Luftballons machen!« war die allgemeine Entscheidung – »und dann fliegen lassen!« Nur haben die Schlaumeier die Dinger schön stramm mit Acetylen aufgeblasen, weil eben ein anderes Gas nicht da war und von Pressluft die Gummiwürste nicht fliegen wollten. Sie entschwebten dann von der hinteren Ecke des Werkstatthofes und wurden sogleich vom Wind in Richtung Schuppen vertrieben. Aber es war schönstes Sommerwetter, mit greller Mittagssonne und dazu knackig warm. »Rums« und »bums« hat es über den Dächern geknallt und gekracht. Zu sehen war sonst nichts. Zum Glück verlief alles ganz ohne Schaden, wohl aber mit Schrecken ob der unerwarteten Lautstärke. Der große Chef und seine Gäste im Modellraum haben sich ganz schön erschrocken. Aber die Leute aus der Werkstatt unten hatten bei ehrlichstem Gesicht darauf so gar keinen Reim, wie sehr der Meister auch immer wieder fragte. Man hat es ihm erst sehr viel später gesagt. Und die Feuerwehr hat nie herausgekriegt, was da wirklich los gewesen ist.

Ob man nur ein paar Lehrlinge der Werkstatt hatte »in den April schicken« wollen oder ob es aus anderen Gründen so eine Art von kollegialer Erziehung sein sollte, ist bei einem anderen Schlosserschabernack nicht herausgekommen. Jedenfalls bekam jeder »einen gewischt«, wenn er beim Erscheinen des Meisters an der Werkbank schnell den Vielbeschäftigten spielen wollte. Aber gesprungen sind sie wie die Tanzbären. Und das doch nur, weil einer ganz klammheimlich ein wenig Schwachstrom kurzgeschlossen hatte. Der Witz lag eigentlich nur im Berührungseffekt. Bei Starkstrom wäre das gefährlicher gewesen. Und das tat ja auch keiner. Aber so ein bisschen mit Schwachstrom spielen, das macht schon Spaß.

Einmal wollte der Meister seine Tabakspfeife mit Pressluft ausgeblasen haben, weil der alte Stinkbrösel hoffnungslos verstopft war und statt zu ziehen nur den »Rotz kochen« ließ. Dabei muss er entweder den Piepenkopp verkehrt herum gehalten oder der hilfreiche Kollege muss vielleicht zuviel Druck drauf gegeben haben. Das Ergebnis war »malerisch«, eine wahrhaft hübsche Sommersprossensprenkelung. Und er konnte überhaupt nicht verstehen, warum sie alle so lachen mussten.

Eine andere beliebte Ärgernisart war, einem unliebsamen Kollegen (soll es zuweilen auch geben) eine kleine Metallkugel in die Radkappe seines Autos zu zaubern. Beim Fahren rotierte die dann mit einem erbärmlichen Geklöter, dass er glaubte, das Auto würde hinten auseinanderfallen. Gestoppt und gesucht – aber dann auch finden, dazu gehört eben wiederum Findigkeit.

Schießlich dürfen ja nicht alle Streiche erzählt werden, weil vielleicht doch mal einer etwas übelnehmen könnte. Aber gerade wer so empfindlich war, der hat sich doch gefallen lassen müssen, dass ihm im Eifer der Arbeit auch mal der Saum seiner Blaujacke mit dem »Tacker« (Heftapparat) »so ganz aus Versehen« an die Kiste genagelt wurde. Na, so was!

»Fofftein« mit twei Buddel Bier

Die halbstündige Frühstückspause in der Schicht heißt im Hafen seit eh und je »fofftein« (weil es früher mal nur 15 Minuten waren).

Die Sonne hat den Männern in der Luke wieder mal so recht auf den Buckel gebrannt.

Kurz vor der Pause bat Fidi: »Heini, wenn du zum Schuppen rüber gehst, bring mir doch auch 'nen Buddel Bier mit!« – Klar, dass Heini dem Kollegen den Gefallen tut. Doch dann kommt Heini mit nur einer Flasche zurück, die er genüsslich leert.

Und als Fidi dann fordert: »Nun lang mal mien Buddel her!«, meint Heini in seiner trockenen Art: »Beim Runterspringen vom Schuppenperron bin ich ausgerutscht, und dabei ist ausgerechnet deine Flasche kaputt gegangen. Prost!« Da wurde Fidi ausgesprochen vergrellt …

»Holz-Hase« mit geheimnisvollem Inhalt

In den schlechten Jahren zwischen Kriegsende und Währungsreform war die amerikanische Zigarette gewissermaßen die heimliche zweite Währung. Man rechnete in Tauscheinheiten. Sie zu ergattern, war zumindest im Hafen mit einigen Tricks schon möglich. Aber das Hinausmogeln?

Weil man sich während der Schicht Abfallholz zu handlichen Brennholzbündeln zusammengeschlagen und zu Paketen zusammengeschnürt hatte, führte fast jeder einen »Holz-Hasen« achtern auf dem Fahrrad-Gepäckträger mit. Doch am Hafentor stand außer dem Zöllner auch ein amerikanischer Posten. Und gerade der sollte mit sicherem Blick herausfinden, ob einer etwas mitgenommen hatte, was eigentlich zum Nachschub der Besatzungssoldaten gehörte. So griff er denn zum vereinfachten Verfahren, jedem sein Bündel einfach abzunehmen. Die stapelten sich in der Wachstube.

Der ablösende Posten musste sich aber wohl über den störenden Holzhaufen geärgert haben. Das Gedränge am Tor gab ihm Gelegenheit, schnell für Ordnung zu sorgen. Jedenfalls musste bei ihm jeder Hafenarbeiter hereinkommen und ein Bündel mitnehmen, bis der Haufen ganz abgeräumt war.

Johnny bekam auch einen »Hasen« zugewiesen. Na, er zog damit los, wenn er sich auch wunderte, wie leicht sich das Paket anfühlte. Zu Hause überkam ihn dann das große Staunen. Mittendrin steckten säuberlich eingebunden ein paar Originalstangen amerikanischer Zigaretten. – Und er hatte doch selbst soviel Angst ausgestanden, ob man bei ihm die zwei Packungen finden würde, die er in seiner großen Fahrradlampe anstelle der Batterien eingesetzt hatte.

Mit dem Zampelbüdel

Erfindungsreich waren die im Hafen Beschäftigten allesamt, wenn es in jener Zeit des »Organisierens« darum ging, den »Zollmöpsen« ein Schnippchen zu schlagen und auch die als Wachpersonal herumlaufenden Aufpasser zu überlisten. Man hatte förmlich ein Gespür dafür, welch nahrhaften Inhalt so eine Kiste in sich barg.

Das ging dann immer sehr schnell. Der Posten wurde durch irgendeinen Spektakel abgelenkt. Währenddessen wurde am gegenseitigen Schuppenende eine Kiste einmal kräftig über eine Ecke aufgestoßen, dass sie auseinanderplatzen musste. Mit flinken Händen war der Inhalt ganz fix weggegrabbelt. Und die Kistenbretter rutschten über die Perronkante hinunter, wo sie dann nachher als Abfallholz wieder aufgesammelt wurden. Der Posten war meistens bei so viel Kumpel-Zusammenhalt ohne Chance, einmal einen Täter zu greifen.

Man musste sich halt immer wieder andere Tricks einfallen lassen, um mit dem mühsam »an Land gezogenen Gut« heil durch die Kontrollen zu kommen. Und es gab damals wohl kaum eine Importware, die nicht begehrt gewesen wäre, insbesondere natürlich die Dinge aus dem amerikanischen Truppennachschub. Nur durfte man als Endverbraucher nicht so ganz genau wissen, wie der »Transport am Mann« tatsächlich ausgesehen hat.

Eipulver und Milchpulver wurden dabei in flache Beutel umgefüllt, die direkt um den Körper gebunden wurden. Ein noch besserer Dreh war es, doppelte Hemden zu tragen. Sie wurden dann – nach Einfüllen des pulvrigen »Stuff« – am Handgelenk, unter und über dem Ellenbogen und am Oberarm abgebunden. Beim Abtasten waren das sehr nachgiebige Polster, die unter dem Overall ohnehin nicht sichtbar waren.

Auf gleiche Weise wurde auch »sliced bacon«, also in dünne und lange Scheiben geschnittener gestreifter Speck, nach der Dosenleerung eingepackt und herausgeschafft. – Nur bei einer ganzen Speckseite half einzig und allein die Frechheit oder eine schlagfertige Antwort. Auf die Frage des Zöllners, ob man etwas bei sich mitführe, meinte der im Hafengeschehen Erfahrene: »Nur die Speckseite vor meinem Bauch!« Und hatte wahrlich nicht gelogen. – »Na, denn lass dir die man schmecken!« – So ging es ab durchs Tor.

Die von der Frauenwelt begehrten Sanitätspackungen, Wattepakete und Damenbinden mussten sich ebenfalls gefallen lassen, zunächst einmal »am Mann« getragen zu werden und zur Auspolsterung ausgemergelter Hafenarbeiter beizutragen.

Bei den wenigen zu jener Zeit bei Hafenfirmen beschäftigten weiblichen Personen hätte der Zoll ohnedies seine liebe Not mit einer

Körperkontrolle gehabt, weil es damals keine weiblichen Kontrollbeamten gab. Man musste es also bei deutlichen Fragen bewenden lassen. Ein Glanzstück leistete sich dabei die wohlbeleibte Olga. Sie hatte sich einen »Zampelbüdel« voll Rohkaffee unter den Rock gebunden, und der baumelte nun zwischen den Beinen im Schritt. Wegen ihrer natürlichen Körperfülle war die beschwerliche Gangart noch nicht einmal auffällig. Nur als sie sich bücken musste, um ein eben gerissenes Schnürband wieder zu verknoten, da lachte der Hafen ob des nun sichtbar werdenden »Zampels«. Zu ihrem Glück hatte sie das Tor schon passiert, da konnte auch der Grenzer nur noch herzlich lachen, und alle amüsierten sich köstlich über ihren grandiosen Einfall. Nur war es mit dieser Transportart dann vorbei.

In einem anderen Fall gab es ein ebenso großes Erstaunen. Nach erfolgter Zollkontrolle, die nichts zutage gebracht hatte, legte sich ein Hafenarbeiter auf seinem Rad plötzlich sehr kräftig in die Pedalen, so, als ob er es besonders eilig habe, nach getaner Arbeit nun schnell nach Hause zu kommen. »Hey, what's that?« war das einzige, was der überraschte amerikanisehe Posten sagen konnte, als wie von Geisterhand gezogen ein kleiner Rollwagen an ihm vorbeiratterte, mit guten Sachen gefüllt ins Dunkel entschwindend. Die Lösung des Rätsels, das für so wundersame Überraschung gesorgt hatte, war einzig und allein ein sehr langes Seil, das Fahrrad und Rollwagen miteinander verband und bei der Kontrolle gar nicht aufgefallen war.

Eine überaus wichtige Frage war während der Arbeitszeit, wie und wo man sein kleines Beutegut bis Schichtende verbergen sollte. Da aber boten Trümmerecken und Schuttberge beste Verstecke. So wurden Konservendosen ganz einfach in Sandhaufen eingegraben. Was für ein Pech aber, wenn das ein anderes missgünstiges Auge gesehen hatte! Da ist manchem Makker durch vorzeitiges Hervorholen ein Streich gespielt worden. Das gab dann verdutzte Gesichter und durchaus unchristliche Flüche. Schwieriger war es schon, flüssige Ware aus dem Hafen herauszuschaffen. Ein Trick war, einen oder auch mehrere Feuerlöscher stramm mit Wein zu füllen, um sie dann zur Kontrolle und zum Auffüllen »zum Kundendienst zu bringen«, denn regelmäßige Wartung musste doch sein. Dieser Trick hat einige Zeit lang gut funktioniert, solange man ständig die Tore wechselte und nicht nur an einer Stelle aus dem Hafen herausstrebte. Doch irgendwann ist diese Transportart dann auch mal »geplatzt«.

Schließlich sei noch ein Witz wiederholt, den man sich zu jener Zeit erzählte: Ein Pastor hat einen Hafenbesuch unternommen. Beim Rückweg zum Tor bemerkte er, wie zwei junge Damen aufgeregt miteinander tuschelten und offenbar doch nicht so ganz sicher waren, ob sie mit unverfänglichem Gesicht den mitgeführten Kaffee aus dem Hafen mogeln könnten. Nach kurzer Beratung verwickelten sie den Herrn Pastor in ein Gespräch und beichteten ihm, worum es ging: Er habe doch soviel Platz unter seinem Talar! – Na, er wolle es versuchen, aber lügen – nein, lügen käme nicht in Frage.

So ging es nun einzig darum, die unausbleibliche Frage des Zöllners richtig zu beantworten. Und das gelang mit: »Mein Kopf gehört der Kirche, mein Herz gehört dem Herrn, und was ich unter dem Talar habe, gehört den beiden Damen!« – Der Grenzer lachte herzlich und ließ das seltsame Dreigespann unangefochten passieren. Die Frage blieb offen, ob der Pastor wenigstens einen guten Kaffee mit den Damen hat trinken dürfen.

Klabautermann, sieh mich mal an …

»Du spinnst doch wieder Seemannsgarn,
da ist nichts Wahres dran.
Wer andern solche Märchen erzählt,
den holt der Klabautermann!«

Ja, wer ist das eigentlich, der Klabautermann? Ist das ein Mann? Ein Männlein? Eine Fantasiegestalt? – Ein Kobold soll es sein, so steht es in klugen Büchern. Und das wäre dann ein Hausgeist: zwergenhaft klein, meistens hässlich; bald helfend und bald strafend.

Sein Name kommt vom seemännischen »kalfatern«. Das ist das Dichten der Nähte zwischen den einzelnen Planken eines Holzschiffes mit Werg und Pech. Damit ist denn auch schon gleich gesagt, wo sein Platz ist: ein – zumeist unsichtbarer – Bordgenosse, dem insbesondere früher auf den hölzernen Segelschiffen eine wichtige Bedeutung zugesprochen wurde. Eigentlich ist er zunächst ein Erd- und Landgeist gewesen, der in einem Baum wohnte. Als dann dieser Baum in ein Schiff als Steven eingebaut wurde, ist er mit an Bord gekommen und geblieben. Wenn auch mancher Seemann glaubt, ihn zuweilen beim

Meeresleuchten auf einer Rahe sitzend gesehen zu haben, weiß dennoch keiner ganz genau, wie er wirklich aussieht. Doch aus der Vorstellung der Fahrensmänner ist er seither nicht mehr wegzudenken.

Sie sind sicher, dass er ein guter Poltergeist und Schiffskobold ist, der allerhand Dienste leistet. Wenn auch nicht sichtbar, ist er aber durch Geräusche vernehmlich. Er wohnt irgendwo da vorn, »vor dem Mast« tief unter Deck. Wohlwollend ist er und hilfreich, aber auch zu allerlei Schabernack aufgelegt. Nur eines darf ein wahrer Jantje nicht, nämlich an seiner Existenz zweifeln oder gar über ihn lachen. Wer das versuchen sollte, dem spielt er unweigerlich einen persönlichen Streich. Ansonsten ist der Klabautermann der gute Geist an Bord und der Beschützer des Schiffes und seiner Männer.

Konnte man früher an seinem Klopfen den Zustand des hölzernen Schiffsrumpfes erkennen, galt sein Klopfen zugleich auch als Mahnung zur Ausbesserung der hölzernen Schiffswände, denn von Holz verstand er eben doch sehr viel. Nur wenn es unheilmäßig kritisch wurde, soll er das Schiff verlassen haben, sobald dem Fahrzeug unwiderbringliches Unheil drohte. Doch tat er das niemals ohne vorherige Ankündigung, weil er bei aufziehender Gefahr eindringlich an die Schiffswand hämmerte, um den bevorstehenden Schiffsuntergang anzuzeigen. Alten Fahrensgeschichten zufolge soll er das sogar schon vor dem Auslaufen getan haben – nur hat mancher zu selbstsichere Kapitän sich nicht darum gekümmert.

Klabautermann soll aber auch von »Klabüstermann« herkommen, also auf eine polternde, neckende Gestalt verweisen, die – weil sie allerhand Schabernack treibt – oft als Ausrede für unerklärliche Vorgänge auf einem Schiff herhalten muss. Was für die Leute an Deck der Klabautermann ist, das ist im modernen Maschinenbetrieb an Bord der »Mac trouble«, den man auch nie zu fassen bekommt, aber der ihnen immer die Mechaniken verstellt und allerlei Defekte verursacht, für die man keine Erklärung weiß oder wozu einem keine Ausrede mehr einfallen will. – Auch der Engländer kennt ihn und nennt ihn »hobgoblin« oder auch »bogy man« oder »bogeyman«. Das bedeutet ebenso Geist, Dämon oder auch nur empfindsame Erscheinung.

Mancherlei Geschichten sind über den Klabautermann geschrieben und erzählt worden.

Eine besonders schöne kleine Sammlung hat der Mecklenburger Schriftsteller Richard Wossidlo in seinem Büchlein »Reise, Quartier, in Gottesnaam« zusammengetragen (erschienen im Hinstorff Verlag, Rostock 1969, »Hinstorff Bökeri 10«).

Doch auch in manch anderer Fahrenserzählung wird von ihm berichtet. Die moderne Seefahrt ist zwar durch die Technisierung weitaus nüchterner und unromantischer geworden. Aber dass er daraus ganz verschwunden sein soll, daran möchte ich doch gewisse Zweifel anmelden. Vielleicht ist er nur auf andere Bereiche umgestiegen, wie: »An Bord spukt der Klabautermann, zu Haus macht Opa das; weil Oma das nicht leiden kann, macht's Kindern doppelt Spaß.«

Hafenlexikon für Anfänger und Fortgeschrittene

Die Anregung zu diesem Lexikon besonderer Art kam direkt aus dem Hafen. Einer der dort tätigen Schuppenarbeiter war der (berechtigten) Meinung, dass es wirklich an der Zeit sei, festzuhalten, wie im Hafen geschnackt wird. In unserer schnellebigen Zeit werden laufend soviel neue (und fremdsprachliche) Begriffe geprägt, dass die alte Hafensprache dabei immer mehr ins Vergessen gerät. Darum hier eine kleine Auswahl von Hafenausdrücken, zum Nachschlagen aufgezeichnet. Als unterhaltsame »Fachsprache« gedacht für Vergessliche und Neugierige, für Unwissende und Schlaumeier, für Besserwisser und auch für Quittjes und Bickbeernschweizer. Dabei wird bewusst auf die Wiedergabe reiner Seefahrtsausdrücke und Bordbegriffe verzichtet, die ohnedies in einschlägiger Schifffahrtsliteratur erläutert werden und fast ein eigenes Sprachgebiet darstellen.

Aale/Speckaale sind im Bündel verladene Rohre, die zum Schutz vor Korrosionsschäden stark eingeölt sind.

Abfall, der sich als Streu aus undichtem Sackgut am Boden sammelt und zusammengefegt wird, ist »Fegsel«, Getreide- und Hülsenfruchtfegsel war seinerzeit eine beliebte Mitnahme für die häusliche Tauben-, Geflügel- und Kleintierzucht. Besonders beliebt in der kargen Nachkriegszeit war der Rohkaffeefegsel, der im Hausbrand zur wohlschmeckenden »Hafenmischung« wurde.

Ahoi ist kein echtes Seemannswort und auch kein wirklicher Hafenruf, ist jedoch in diesem Sinne in Schlagern und Kreuzworträtseln nicht auszurotten.

Alter Hafen ist für altgediente Hafenarbeiter immer der Europahafen gewesen, weil ihre Väter dort schon tätig waren, und der Überseehafen, der 1981 gerade 75 Jahre alt wurde, eben bei ihnen als Neuer Hafen galt.

Ameisen sind kleine Elektro-Gabelhubwagen zum Bewegen von Ladungsstücken und werden eingesetzt, wenn für Gabelstapler nicht genügend Bewegungsfreiheit gegeben ist.

Anbiet als kurze Essenspause (zum »Anbeißen« und nicht als Angebot im Sinne von »Anbieten«). Wenn die Zeit langt, geht man dazu in die »Anbiet-Halle«, wo es auch Getränke und einen kleinen Imbiss zu kaufen gibt.

Andecken/Aufdecken der Schiffs-Ladeluken gehört normalerweise zur Arbeit der Schiffsbesatzung. Andecken = damit die Besatzung »seeklar« machen, d.h. das Auslaufen vorbereiten kann. ***Aufdecken*** = damit die Stauer »lade-löschklar« zu arbeiten beginnen können.

»De Annere« – so wird der vorgesetzte Inspektor oder Schuppenmeister angekündigt, wenn er zur unrechten Zeit aufkreuzt und nicht unbedingt alles sehen soll.

Anpicken/Anschlagen. »Anpicken« der Ladung heißt das Einhängen der Kranhieve an den Kranhaken. Dazu werden Anschlagseile oder Anschlagketten benötigt, die wiederum in Anschlagösen oder Anschlagaugen enden zum Einklinken des Anschlaghakens/Kranhakens.

Aufschießen muss man das freihängende Tauwerk, damit keiner darüber stolpert. Es wird in Schlingen oder Ringe gelegt bzw. Buchten (Ringel im Tampen). Das ganze wird mit einem »halben Schlag« gesichert und über Belegnägel (Koffeinägel) weggehängt.

»Aufschießen« ist auch das« Verholen for Smoke-Time« und das Verschnaufen nach anstrengender körperlicher Arbeit. Sollte nicht in Verdrücken ausarten.

Ausscheiden heißt Beendigung der Arbeit/Schicht. Man sagt aber »Ausscheiden mit Laden ...«.

Autogeschirr ist kein technischer Zierat am Auto, sondern das zum Kranüberladen von Fahrzeugen eingesetzte Spezialgerät (Geschirr).

Baantje/Boontje ist der nach langer Seefahrtzeit erträumte Landjob, der Regelmäßigkeit und Auskommen beinhaltet.

Baas, Boos oder auch Boss: Früher der Meister an Land, so z.B. der für Mannschaftsanwerbung und -anmusterung der Schiffe tätige »Heuerbaas«. Ein »Baas von Kerl« ist ein besonderes Prachtexemplar an Vitalität und Gewichtigkeit.

Back hat mehrfache Bedeutung: der vorderste Aufbau auf dem Oberdeck, die Speisenschüssel an Bord, der Esstisch im Speiseraum.

Bambuse war ursprünglich der ungelernte Seemann; gilt aber auch für einen, der sich geschickt davonhilft, weil er alles (aber doch nicht so ganz richtig) kann.

Bargen sind die schwimmfähigen Ladungscontainer in Pontonform, die von Schleppern bewegt und per Schwergutkran/Schwergutbaum übernommen bzw. bei entsprechend konstruierten Schiffen ins geöffnete Schiff eingeschwommen werden.

Beerkutscher wird der Lkw-Fahrer der Brauerei genannt, der Exportgut oder Schiffsbedarf anliefert und für das Auffüllen der Kantine sorgt.

Belegen einer Leine bedeutet das Festmachen einer Trosse oder eines Seiles an einem Poller oder einem Belegnagel. Wenn es dagegen heißt: »An dem kann man kein Tau belegen/festmachen«, ist damit ein unzuverlässiger Zeitgenosse gemeint.

Berufsgenossenschaft hat als vornehmliche Aufgabe den Unfallschutz und die Unfallverhütung für die von ihr betreuten Berufsgruppen wahrzunehmen.

Bickbeernschweizer sind alle jene Nichtbremer, die aus südlicher Richtung die Domtürme nicht mehr erblicken können. Sie können dafür im nahen Wald Bickbeeren (Blaubeeren) suchen. In geografischer Verwandtschaft gehören sie zur Bevölkerungsgruppe der

»Quittjes«, wozu auch Zugereiste und Zugewanderte zählen.

Blaubüdel kommt von der blauen Arbeitsbluse des Zimmermannes und Schiffszimmermannes, der im Hafen auch Holtbuck oder Holtwurm genannt wird.

Blaumann wird die blaue Uniformjacke, auch der blaue Arbeits-Overall (Blaujacke) genannt.

Blitz gilt als scherzhafte Berufsbezeichnung für den Bord-Elektriker, während der Funker bezeichnenderweise Funken-Puster heißt.

Bonschenkocher nannte man früher den steifen Hut der Gütermesser, nämlich den Bowler (auch »Börsenstahlhelm »genannt).

Bootshaken: »Fief Finger is de beste Bootshaken«, meint der alte Bootsmann und will damit sagen, dass auf das eigene Zupacken noch immer der beste Verlass ist.

Brecheisen/Brechstange wird benötigt, um Pallungen zu lösen, evtl. auch mittels »Kuhfuß«. Nimmt man dann noch den großen Vorschlaghammer hinzu, ergibt das zusammen das sog. »Monrovia-Besteck«, das man demjenigen als einzig geeignetes Handwerkszeug zuschreibt, der mit empfindlichen Dingen ohnedies nicht umgehen kann.

Bremerjack soll dem »Friesenhemd« vergleichbar sein und ist ursprünglich ein blaues Arbeitshemd gewesen. Dazu gehört entweder die blaue Mütze oder eine Ballonmütze, die auch »Wolkenschieber« genannt wird.

Broken gehören zum Ladegeschirr als Netzbroken, Tuchbroken.

Büdelneiher, Scherzname für den Segelmacher.

Budenschreiber ist der Büroangestellte im Schuppen, der sich mit den Ladungspapieren zu beschäftigen hat. Er unterscheidet sich vom Büroangestellten in der Stadt dadurch, dass jener »Kantorknüppel« oder »Bockforzer« genannt wird.

Buscherundje oder ***Buscherump*** ist der inzwischen schon fast verlorengegangene Name für den blauweiß gestreiften leinenen Arbeitskittel.

Butenbords bedeutet, über die Schiffsreling hinweg nach außenbords zu arbeiten, z.B. Überladung in ein längsseits liegendes Binnenschiff.

Butenbremer sind Bremer, die nur außerhalb Bremens wohnen; mithin also keine Quittjes und Bickbeernschweizer.

Butjer ist eine Bezeichnung für den echten Bremer Jungen, der sich überall zurechtfindet.

Chinamann – der an Bord mancher Schiffe tätige (chinesische) Wäscher.

Coil wird im Hafen als »Keul« gesprochen (und manchmal so geschrieben) und ist das englische Wort für groben Bandstahl in Rollen, also sehr schwergewichtige Ladung.

Dalben/Duckdalben dienen zum Festmachen der Schiffe im Strom und sind die gruppenweise eingerammten Festmache-Pfähle, früher aus Rundhölzern und heutzutage aus Profileisen. Der Name soll angeblich von dem Duc d'Alba kommen, dem Befehlshaber der spanischen Armada, der seine Flotte zum Schutz vor Überfällen an solchen Pfählen festmachen ließ. Im Hafen sagt man: »Das Schiff liegt an den Pfählen.«

Dampfer mit kohlebefeuertem Dampfkessel gibt es heute kaum noch. Dennoch heißt beim Hafenarbeiter das im Hafen liegende Schiff weiterhin »de Damper«, manchmal mit dem erklärenden Zusatz nach der Ladung wie »Papier-Damper«, »Fischmehl-Damper« usw. Mit »een olen Ratten-Damper« wird ein Schiff bezeichnet, dessen Erhaltungszustand sehr zu wünschen übrig lässt.

Decksmann hat zweierlei Bedeutung: Als Hafenarbeiter ist es der an Deck stehende Verbindungsmann (Wahrschaumann) zum

Einwinken der Kranhieve. Als Seemann ist es der ungelernte Matrose.

Deern als Hafenbesucher ist auch für den Hafenarbeiter ein Anlass sich umzudrehen und ein paar freundliche Worte hinterherzurufen. Ist sie besonders schnuckelig anzuschauen, dann ist es »ne Poppedeidei«, ansonsten rangiert sie unter Deidei, auch Deidsche.

Dobbass als schwergewichtiges Ladungsstück muss schon mit dem Schwergutkran bewegt werden. Das ist eben ein »Mords-Trumm«. Beide Begriffe gelten aber auch für ein besonders gewichtiges Mannsbild.

Dösbaddel muss sich ein neugieriger Hafenbesucher nennen lassen, wenn er nur dumme (dösige) Fragen stellt. Kann auch derjenige sein, der sich bei der Arbeit zu umständlich oder zu dusselig anstellt. Redet er dann sogar noch dummes Zeug, ist er »een Tüünbüdel«.

Drahttau ist der Sammelbegriff für Drähte und Drahtseile. Tauwerk gilt für alle Leinen und Seile aus Natur- und Kunststoff-Fasern. Es gibt auch eine als Herkules bekannte Leine, das ist mit Draht verstärktes Tauwerk.

Dreckschute ist das längsseits des Seeschiffes liegende Binnenschiff zur Aufnahme der

Schiffsabfälle (nach der Reinigung der Laderäume). Das vom Flussbagger geförderte Baggergut wird dagegen in die »Schlickschute« entleert, die auch als »Klappschute« konstruiert sein kann, zum« Verklappen« ihres Inhalts auf See.

Drehknüppel heißen die kantigen Holzknüppel zum Verdrillen der Spanndrähte bei der Ladungssicherung.

Dwarslöper kommt von dwars: verdreht, verquer, querlaufend und meint ursprünglich die Fortbewegungsweise des Krebses. Ist aber auch ein Zeitgenosse, der sich immer verquer stellt, und wird scherzhaft ebenfalls für den Gewerkschafts-Hafensekretär verwendet, der als »Hafenläufer« von Schiff zu Schiff eilt. Ein das Fahrwasser kreuzendes Fahrzeug dagegen kann schon eine Gefahr darstellen.

Dweil ist die seemännische Bezeichnung für den Feudel, also den Aufwischlappen, bei der Decksreinigung.

Einkommend gilt für Schiff und Ladung, nämlich das ankommende/einlaufende Schiff und die importierte/zu löschende Ladung. Dementsprechend »ausgehend« für auslaufend.

Ewerführer wird der Binnenschiffer genannt, der die Hafenschuten fährt. Heißt auf plattdeusch »de Slickschuber«.

Fant/Fent ist der landfein gekleidete Hafenbesucher, der als »doofer Fant« gilt, wenn er zuviel Dummes fragt. (Kommt aus dem Französischen von »enfant«.)

Fasshaken – Ladegeschirr zum Anschlagen von Fassgut.

Fastmokers/Festmacher bilden einen eigenständigen Hafenberuf, der für das »Anbinden« der Schiffe, d.h. das Befestigen der Festmacheleinen, zuständig ist. Liefert mietweise auch bewegliche Landgangsstege = Gangways.

Faulenzer gibt es im Hafen nicht. »Faulenzer« als Drahtbezeichnung steht für »Preventer«, dem zweiten Befestigungsdraht zum Feststellen des Ladebaumes beim Arbeiten mit Schiffsgeschirr, mithin eine Sicherungstrosse.

Fegsel, siehe auch »Abfall«. Besonders eifrige Fegselsammler handelten sich dafür Spitznamen ein wie z.B. »Hasen-Vater«, »Tauben-Kalli«, »Kaninken-Schmidt«.

Fender sind geflochtene Polsterkissen aus Tauwerk, aber auch Kork- oder Gummipolster bzw. Reibhölzer zum Abfangen der Stöße beim Anlegen des Schiffes.

Fertigmachen eines Schiffes bedeutet das Anhängen von Überstunden an die letzte Ladeschicht, damit das Schiff sofort nach Beladen abfahren kann.

Fier weg! ist das Kommando für den Kranführer, die Kranhieve herabzulassen.

Fiesepampel/Fiesling ist ein ganz mieser Zeitgenossen, den keiner als seinen »Makker« haben möchte.

Fleutenheini wird der Rangiermeister bei der Waggonzustellung genannt, weil die Verständigung mit dem Lokführer und den Rangierern per Pfeifsignal erfolgt.

Flottenforz – Scherzname für einen zu klein geratenen Seemann.

Flunki – Scherzname für den Schiffs-Steward; wird aber auch für einen Kollegen verwendet, der viel herumflitzt.

»Fofftein« maken gilt heute für die halbstündige Frühstückspause, siehe auch unter »Anbiet«.

Fregatt – als »optakelt Fregatt« ist sie »een Froensminsch«, das modisch übertakelt wie ein Vollschiff angesegelt kommt.

Freitörn – wachfreie/dienstfreie Mannschaft.

Frikadellenschmied – scherzhafte Bezeichnung für den Schiffskoch, wenn er zuwenig Abwechslung in den Mahlzeiten bietet.

Frösche gibt es im Hafen als eine besondere Schäkelart, also als Drahtklammern zum Zusammenhalten von Drahttau.

Funkenpuster ist nicht schwer zu erklären, das ist der Funkoffizier an Bord, der in der Funkenbude sitzt. Nicht zu verwechseln mit dem »Blitz«, denn das ist der Bord-Elektriker.

Fuulbrass heißt die an der Reling aufgehängte Mülltonne bzw. der Abfallsack, denn der Schiffsunrat darf nicht ins Hafenbecken geworfen werden.

Fuuljan/Fuulpup dagegen ist der unbeliebte Drückeberger, den man im Gang keineswegs gebrauchen kann.

Gang bezeichnet die Arbeitsgruppe im Schuppen und an Bord. Dazu gehören ein Vorarbeiter und eine bestimmte Anzahl von Schuppenarbeitern bzw. Schauerleuten. Je nach Einsatz spricht man von Schuppengang, Bordgang, Außenbordsgang, Laschgang, »Schietgang« (zum Aufklaren) und nennt als unbeliebteste Institution »de Swatte Gäng« des Zolls, die nach Konterbande sucht.

Gangspill als aufrechtstehende Laufspindel wird benötigt, um ein Verholseil mittels Handspaken zu drehen und so das Verholen »per Hand« über kurze Strecken zu bewerkstelligen.

Gangway – der Landgangsteg des Schiffes.

Ganneff ist der eingebildete, aufgeblasene Jüngling, dem man keine Handarbeit zutraut und der sich als Hafenbesucher schon mal ein paar dumme Bemerkungen einfangen kann.

Garnier legen heißt, im Laderaum des Schiffes Stauholz auslegen, um darauf die Stückgutladung abzusetzen. Es kann sich auch darum handeln, den Raum mit »Garniermatten »auszulegen, um besonders empfindliche Ladung zu schützen und abzudecken.

Garnierte Runde ist »de lüttje Lage« oder, wie man in Hamburg sagt, »Lütt un Lütt«, also ein kleines Bier und ein großer Schnaps. Kurz gesagt also: »Sluck un Beer«.

Giraffe wird wegen seiner Hochbeinigkeit der Portalhubwagen zum Bewegen von Containern genannt.

Grabbeleisen nennt der Stauer das lose verladene Gusseisen, das per Hand aufgenommen und in »Tubs« gelegt wird für die Kranüberladung. Es muss eben »gegrabbelt« werden.

Grenzer gilt für den an der Zollgrenze (Hafentor) stehenden Abfertigungsbeamten des Zolls, aber auch für die am Zollgitter regelmäßig entlang laufende Zollstreife.

Gurte benötigt man im Hafen zum Umschlingen von kranbarer Ladung anstelle von Stropps, um »Eindrücke« zu vermeiden.

Gütermesser/Ladungs-Kontrolleur ist die Berufsbezeichnung für den »Tallymann«, der die Ladung kontrolliert, zählt, misst und auf Zustand und Vollzähligkeit kontrolliert.

Haben/Hafen – am, im und vom Hafen leben viele Bremer. Und so heißt es auf echt bremisch (missingsch): an'n Haben ankommen, bei'n Haben wohnen, nach'n Haben gehen, in'n Haben arbeiten, von'n Haben leben, zu' n Haben hörn.

Hafenarbeitskarte muss jeder über den Gesamthafenbetriebsverein vermittelte Hafenarbeiter und jeder bei der BLG und den Hafeneinzelbetrieben fest angestellte Lohnempfänger haben. Sie ist gewissermaßen sein Berufsausweis.

Hafenlatein gibt es überhaupt nicht. Im Hafen wird klar deutsch gesprochen, missingsch gequaddelt oder man schnackt platt. Und

»lögenhaft Vertellen« gibt es auch nicht, wie jeder Hafenmensch ernsthaft versichern wird. Döntjes werden von Seeleuten »verzählt«, und »Schauermärchen« haben nichts mit den Schauerleuten des Hafens zu tun. Sonst siehe bei »Hei lücht!«.

Hasen laufen im Hafen keinesfalls wild herum. Ein von der Schicht mitgenommener »Holz-Hase« ist dagegen kleingeschlagenes und gebündeltes Abfallholz, das früher gern für den häuslichen Herd gesammelt wurde. In den schlechten Zeiten gleich nach dem Kriege verbarg sich darin häufig manch wertvolles Mitbringsel.

Hei lücht! = Er lügt! wird dem Hafenrundfahrts-Kapitän nachgerufen, wenn er seinen Fahrgästen den Hafen erklärt und es dabei mit den Begriffsdeutungen nicht so ganz genau nimmt.

Hein… als Bestandteil eines Spitznamens ist Hafenbrauch. z.B. Hein Veerkant für einen besonders vierschrötigen Gesellen; Hein Seemann für den Seemann schlechthin, denn der Hafenarbeiter rangiert unter »Jan Schuurmann«. Aber Heini verbindet sich dann schon mit besonderer Eigenschaft wie »Heini Kömnees« (wegen des starken Durstes). Andererseits ist auf platt »Du,

Heini, hör mal to!« eine freundliche Aufforderung, während auf hochdeutsch »Sie Heini, Sie! ...« schon eine Beleidigung wäre.

Hiev up! ist das Kommando für den Kranführer, die Kranhieve zu »wuppen« (hochzuziehen) und »nach Land zu drehen«.

Holtbuck/Holtwurm meint den holzverarbeitenden Handwerker, also den Zimmermann/Schiffszimmermann (siehe »Blaubüdel«).

Hubstapler/Heber sind im Hafenjargon sämtliche Hub-, Gabelstapler und sonstige Hubfahrzeuge zum Bewegen von Ladung. Demgemäß wird der Fahrer eines Gabelstaplers als »Heberfahrer« bezeichnet.

Hungerkreuz war vor Jahren die abfällige Bezeichnung für die Schornsteinmarke einer Reederei mit einem Balkenkreuz; wohl um damit zu sagen, dass bei dieser Linie sparsam gewirtschaftet wurde.

Isenhöker hat mit Alteisen nichts zu tun, sondern das ist der Eisenwarenhändler, der auch »Pött un Pann« liefert.

Jan steht nicht nur als Abkürzung für den Vornamen Johann. Er verbindet sich zur Berufsbezeichnung als »Jantje« für den Seemann, der auch »Janmaat« heißt.

Job wird im Hafen Baantje/Boontje genannt.

Kahnschipper liegen mit ihrem Binnenschiff längsseits vom Seeschiff zur Anlieferung/Abfuhr von Stückgutladung und Massenstückgut.

Kalfakter sorgt für die Reinigung der Sanitärräume an Land.

Kalfatern dagegen ist die mühevolle Arbeit des Abdichtens der Nähte im hölzernen Decksbelag mit geteertem Werg und Vergussmasse.

Katzenköppe nennt man die mit Bandeisen verschnürten Wollballen.

Kink/Kinken dürfen im Tau- und Drahtwerk nicht sein, denn das wären schadhafte Ösen oder Draht- bzw. Faserbrüche. »Dor is een Kink in« soll besagen, dass eine Sache »nicht ganz astrein ist«.

Kleider dienen nicht der menschlichen Bekleidung, sondern sind Abdeckplanen = Abdeckkleider aus Segeltuch u. ä.

Knotenforz ist ein mickeriges Männlein, siehe auch »Flottenforz«.

Kollo/Kolli – die Mehrzahl des einzelnen Packstückes Kollo ist Kolli. Doch im Hafen heißt jedes Ladungsstück einfach nur »Kolli«.

Kombineschen steht für combination = Overall, dem einteiligen Arbeitsanzug.

Kombüse ist als Schiffsküche ein bekannter Begriff. Wenn dem Smutt/Smutje nicht viel Abwechslung einfällt, wird sie zur »Frikadellenschmiede«.

Konterbande heißt jegliche Form von Schmuggelgut.

Kontorknüppel eignen sich nicht zur körperlichen Hafenarbeit. sie werden ihrer sitzenden Tätigkeit wegen als »Bockforzer« eingestuft.

Kranführer als Hafenarbeiter mit besonderer Fachschulung hat Anspruch auf entsprechende tarifliche Einstufung.

Kuhfuß kommt von der Form der bei der Ladungsarbeit benötigten Brechstange.

Kümo als Typenbezeichnung für ein Küstenmotorschiff ist im Inland als Abkürzung bekannt. Im Hafen lautet die Mehrzahl jedoch immer »Kümosen«.

Küper/Küfer – Berufsbezeichnung der Facharbeiter für Behandlung von Tabak, Wolle, Baumwolle bzw. Wein, Spirituosen.

Lade-/Löschleistung bezeichnet die im Durchschnitt per Gang und Schicht oder per Luke und Tag umgeschlagene Ladungsmenge.

Zur Arbeitsvorbereitung gehört auch die Vorausberechnung der Lade/Löschleistung. Da wird überlegt, »wievielmal der Kran drehen kann« (in der Schicht). Das ergibt, wenn alles planmäßig läuft, die auf- oder abzusetzende Menge. Läuft es besonders gut, ist es »eine Ladung, die tonnt«, mit der man also »Tonnen machen kann«, Als besonderer Anreiz kann eine bestimmte Menge als Schichtsoll vorgegeben werden, nach deren Erreichung dann »Ausscheiden« ist. Solchermaßen »Pensum geben« ist aus vielerlei (Sicherheits-)Gründen heute nicht mehr erlaubt.

Ladungskontrolleur, siehe Gütermesser.

Landgangsteg = Gangway, der Laufsteg vom Schiff zur Kaje.

Landseite. Je nach der Arbeitsrichtung wird im Hafen von »Arbeit nach Landseite »oder »Arbeit nach Wasserseite« gesprochen, d.h. also zum Waggon oder Schuppen hin oder nach außenbords.

Langspleiß ist beim Tauwerk das gegenseitige Eindrehen der einzelnen Tauwerks-Stränge (Kardeelen) zur Verbindung von zwei Tauwerksenden, ohne dass dabei eine Erhöhung der Tampenstärke entsteht. Es gilt scherzhaft auch für einen besonders lang geratenen Menschen, aber auch für lang verdünnte Suppen, Getränke oder besonders dünne Farben. Im Gegensatz dazu steht der »Kurzspleiß« entsprechend für kurz und dick.

Laschgang (siehe Gang) sorgt für die Ladungsbefestigung an Bord unter Verwendung von Laschdraht, Spannschrauben, Spannschlössern.

Leuwagen heißt an Bord der Schrubber zum »Reinschiff machen«.

Liftvanfahrer sitzt hoch oben auf dem Portalhubwagen = »Giraffe« zum Verfahren der Container im Hafen.

Lockergut vom engl. lock = Schloss; bezeichnet die im Schiff unter Verschluss liegende (wertvolle) Ladung.

Log ist sowohl die Methode der Geschwindigkeitsmessung des Schiffes als auch die Ladungsbezeichnung für schwergewichtiges tropisches Stammholz (logs).

Lögenhaft Vertellen gibt es im Hafen und an Bord jedenfalls nicht. Es werden höchstenfalls »Stories« oder »Döntjes« als (halbwahre) Geschichten erzählt. Nur wenn der Vorgesetzte/Meister »fettige Reden« hält, wird das als »Sprüche klopfen« abgetan.

Lorbass kann ein Hafenbesucher ebenso wie ein Arbeitskollege sein, wenn er groß und schwergewichtig ist.

»De Lüd anne Eck« waren vor dem Ersten Weltkrieg die vor dem Hafentor auf Arbeit wartenden Hafenarbeiter, die sich nicht in einem festen Anstellungsverhältnis befanden. Später war es die Bezeichnung für die »ständig unständig Beschäftigten«.

Luk/Luke heißen die Öffnungen in den Decks der Schiffe als Niedergänge und als Ladeluken. Nach Beendigung der Ladearbeiten werden die Luken geschlossen, heute per Knopfdruck oder Seilzug automatisch, evtl. mit Kranhilfe bei großen Pontondeckeln, Faltdeckeln, McGregor-Deckeln. Früher mussten die hölzernen Lukendeckel »angelegt«, d.h. von Scheerstock zu Scheersteck nebeneinander ausgelegt werden. Darüber kam ein Persenningtuch, das »Lukenkleid«, das seitlich mittels langer Flacheisen und mit »Lukenkeilen »festgesetzt wurde: Die Luken wurden »geschalkt«.

Lukenrand als »Süll« ist die etwa einen Meter bis mannshohe Umrandung der Lukenöffnung. Am Lukensüll steht der Decksmann (Wahrschaumann) zum Einwinken der Hiev. »Er winkt mit dem Paddel«, weil er zur Verdeutlichung der Richtung ein Holzstück oder eine zusammengefaltete Zeitung in der Hand hat. Früher, bei den offenen Kranführergondeln, wurde noch nach oben hinaufgebölkt (gerufen), welche Richtung gemeint war; »nach Vegesack zu«, somit also stromabwärts, oder »nach Bremen zu«, das hieß stromaufwärts, bzw. »nach Walle zu« oder »nach Pusdorf zu«.

Lüttje Lage, siehe »Garnierte Runde«.

Makker ist der Kollege im Gang, mit dem man ständig (und gern) zusammenarbeitet.

Malings – an Bord und im Hafen wird keine Farbe gemalt, sondern es heißt seit eh und je »gemalen«. Fertige Malarbeiten sind »Malings«. Wenn es sich um Farbmarkierungen auf der Ladung handelt, sind es »Märks« (von engl. marks).

Mannloch ist eine Öffnung, durch die sich ein Mensch noch so gerade eben durchzwängen kann. (Die Schiffbauer scheinen nur schlanke Menschen zu kennen.)

Marlspieker gebraucht der Segelmacher als Dorn zum Aufweiten der Kabeldrehung beim Durchstecken des Spleißes.

Meister sitzen in der »Meisterbude« und sind die Vorgesetzten als Schuppenmeister, Bodenmeister, Lademeister, Rangiermeister.

Miesepeter muss sich ein schlechtgelaunter Kollege nennen lassen, der an allem etwas auszusetzen hat.

Monrovia-Besteck, siehe Brecheisen und Vorschlaghammer.

Mords-Trumm kann ein besonders schwer gewichtiges Ladungsstück sein, wozu auch »Dobbass« gesagt wird.

Mors am Poller ist nichts anderes, als dass einer auf dem Festmachepoller sitzt und sich verholt. Nur wenn es ihm aus irgendwelchem Grund die Sprache verschlägt und etwas ihn besonders überrascht, dann »hat es ihm den Mors vom Poller geputzt«, dann ist die Ruhe dahin.

Munkie von engl. monkey, steht für die »Munkie-Jacke«, also den wollenen blauen Überzieher der Seeleute, wozu man auch »Pi-Jacke« sagt; und findet sich als Sitzplatz der »Munkie-Bank« vorn an Deck und als »Munki-Reling« für die zusätzliche Sicherung über der eigentlichen Reling.

Naseweis ist der Besserwisser. Auf platt klingt das schon etwas freundlicher als »Neesweesen« oder als »Jan Neeschier«.

Ökelnomen sind die Spitznamen, die man sich wegen seiner persönlichen Eigenarten einhandelt; siehe z.B. unter Fegsel oder bei Heini …

Ostfriesennerz hat mit dem echten Nerz gar nichts gemein. Es ist die wetterfeste gelbe Öljacke, die sich großer Beliebtheit erfreut.

Palaver ist die allgemeine Diskussion um nichts. Und wenn alles durcheinander redet und keiner dabei richtig zu Worte kommt, heißt es schließlich: »Wir sind hier doch nicht in Luke drei!«

Pallen/Pallings – die Ladung mit starken Balken abstützen.

Persenning aus wasserdichtem Gewebe wird als »Abdeckkleid« verwendet, heißt bei der Lukenabdeckung dementsprechend »Lukenkleid«.

Pfähle zum Festmachen der Schiffe sind die Dalben/Duckdalben. Wenn »ein Schiff an den Pfählen liegt«, wartet es auf weitere Abfertigung. Jedoch wenn »ein Schiff an der Kette liegt«, ist damit die symbolisch um den Mast geschlungene Kette des Gerichtsvollziehers gemeint zur dinglichen Sicherung von Ansprüchen gegen Schiff und Reeder.

Piek als Vorpiek meint den vordersten spitzen Raum des Schiffes. Im übertragenen

Sinne meint »Vorpiek lenzen« das männliche Wasserlassen.

Plünnenböker heißt der Uniformenlieferant und der Textilhändler, der die Besatzung mit Berufsbekleidung versorgt.

Poppedeidei gilt als durchaus liebevolle Bezeichnung für eine schnuckelig anzusehende Deern.

Putz gilt für Polizist, Schutzmann.

Quakkopp ist ein Besserwisser, der an allem etwas auszusetzen hat.

Quengelbüdel ist ein Nörgelheini, dem nichts gefällt.

Quesenbüdel ist ein Unzufriedenheitsapostel, der alles nur negativ sieht.

Alle drei sind unerfreuliche Arbeitskollegen, für die alles nur Quatsch ist. Dafür fabrizieren sie selbst eigentlich auch nichts anderes als Quatsch.

Quittjes gilt als Sammelbegriff für alle Zugelaufenen, Zugereisten und angrenzenden »Südländer«, die sich noch nicht in Gehabe und Gepflogenheit bremisch integriert haben.

Rabbeltuch hat mit rabbeln = »viel reden« nichts zu tun, sondern ist Jargonbegriff für Rappertuch, also Abdeckkleider aus Jute (Rapper).

Radlader werden an Bord ähnlich wie Gabelstapler eingesetzt und sind Schaufelradlader zum Transportieren loser Ladung wie z.B. Roheisen in Stücken, Pflastersteine usw.

Rangierpause dient zum Heranfahren von Waggons während der Arbeitspause im Hafen, in der Schicht oder als größere Rangierzeit zwischen den Arbeitsschichten.

Rattenbleche werden die Schutzschilder über den Festmacheleinen genannt, die das Überlaufen von Ratten auf das Schiff verhindern sollen.

Rattenboden nennt man die seitliche Erhöhung im Unterraum.

Rattendampfer – äußerst fragwürdiger Erhaltungs- und Pflegezustand des Schiffes.

Regenwartezeit ist bezahlte Arbeitszeit, wenn bestellte Arbeitsgänge aus Witterungsgründen nicht oder nicht voll arbeiten können.

Rock-en-roll-Damper sagt der Hafenarbeiter zum »Roll-on/Roll off-Vessel«, bei dem die Lastwagen und Trailer über die auf dem Kai aufliegende Laderampe des Schiffes (Heck- oder Bugrampe) direkt in den Laderaum rollen können.

Sabbelmors redet ständig unqualifiziertes Zeug, weil das Mundwerk schneller ist als die Gedanken.

Sackkarre war in früheren Zeiten ein ebenso unersetzliches Hafenrequisit wie der Stauhaken, also ein »manuelles Flurfördergerät«. »Hein, schuuw du man de Karr, du hest all' n krummen Puckel!« war die einfachste Form der Rationalisierung.

Schaapstall – wegen des Gedränges der auf Vermittlung wartenden Hafenarbeiter so genannte Verteilerstelle.

Schauer, niederdeutsches Wort für Schuppen und Speicher (Spieker), davon abgeleitet Schauermann für Hafenarbeiter. Nennt sich selbst stolz »Jan Schuurmann«.

Schaufellader abgekürzt für Schaufelradlader, siehe Radlader.

Scheerstock = Scherstock liegt in der Lukenöffnung querschiffs als Profilbalken und dient zur Aufnahme der längsschiffs einzusetzenden Lukendeckel, siehe Luk/Luke.

Scheuerleiste als Fenderleiste außen am Schiff zum Abfangen von Stößen, aber auch in der Stauung zur Absicherung gegen Berührungsstöße.

Schicht – Arbeitszeiteinteilung im Hafen: Frühschicht, Spätschicht, Nachtschicht, Tagesschicht, Wechselschicht, Sonn- und Feiertagsschichten. Die kurze, gutbezahlte

Wochenendschicht wurde früher als »Kavaliersschicht« bezeichnet.

Schiemannsgarn ist nicht das sprichwörtliche Seemannslatein, das als Segelgarn abgespult wird, sondern meint dünnes geteertes Tauwerk/Garn zum Umwickeln von Spleißstellen.

Schiet braucht nicht erklärt zu werden und wird sogar von nur hochdeutsch sprechenden Mitbürgern verstanden. Der »Schietenkleier« ist der für Reinigungsarbeiten eingesetzte Kalfakter.

Schiffsbefestiger, siehe Fastmokers/Festmacher.

Schiffszettel wird vom Ladungsoffizier des Schiffes als Gesamtquittung für die empfangene Ladung unterzeichnet.

Schippschendler = Shipchandler ist der Proviant und Ausrüstung liefernde Schiffshändler.

Schlagpütz – kleinerer Wassereimer mit angespleißtem Haltetau zum Schöpfen von Seewasser bei Reinigungsarbeiten.

Schlagtörn – Verdrehung in einer Trosse = Kink.

Schmeißleine hat am Wurfende einen geflochtenen Knoten, in dem ein Eisenkern steckt. Sie wird dem Festmacher zugeworfen zum weiteren Beiholen der Festmacheleine.

Schmuggeln, siehe Konterbande.

Schmutzgeldkommission wird zusammengerufen zur Festlegung eines Schmutzgeldzuschlages, wenn bestimmte Ladungsgüter bearbeitet werden müssen.

Schneidjefiedel, Schnösel, Schnodderbaas sind spöttische Bezeichnungen für Hafenbesucher, wenn diese dem Stauer oder dem Seemann durch Benehmen oder Fragen »auf den Wecker fallen«.

Schot belegen bedeutet »ein Tau festmachen«, was im Hinblick auf die Zuverlässigkeit des Kollegen eine bedeutungsvolle Aussage ist.

Schott setzen – Errichtung einer Trennwand z.B. zur Abgrenzung von Ladung als Querschott oder Längsschott (in Schiffsrichtung).

Schubbsmors ist ein Zeitgenosse, der sich durch den Gebrauch der Ellenbogen (und Beiseitedrängeln mit dem Mors) Platz verschafft.

Schuppenarbeiter = Schauermann.

Seeklarmachen nach Ladeschluss heißt Luken schließen, die Ladebäume runterlegen, Schiff abreisefertig aufklaren.

Segelmacher/Seiler macht alle Tauwerks- und Segeltucharbeiten und wird »Seilmoker« genannt oder auch »Büdelneiher«. Sein Segelhandschuh ist ein mit Metallplatten verstärkter Lederriemen zum Durchdrücken der Segelnadel.

Seitenpforten heißen die Ladepforten (als seitliche Öffnungen in der Bordwand).

Sicherheitsgurt braucht auch der Seemann beim Ersteigen der Wanten und bei der Arbeit auf der Außenbords-Stellage sowie bei der Tätigkeit an geöffneter Luke/Zwischendeck. Der Stauer hat ihn ebenfalls anzulegen, wenn er auf mehrfach übereinander stehenden Containern hantiert.

Smoketime ist die kurze Verschnaufpause auf eine Zigarettenlänge – jedoch an Deck und im Raum sowie auf der Kaje und im Schuppen aus Sicherheitsgründen keine Raucherlaubnis.

Smutt/Smutje wird im allgemeinen der Schiffskoch genannt und gilt als »Sonnyboy«, wenn es ein schwarzer ist. Der Koch wird »Chef« gerufen im Gegensatz zum »Chief« (Ing.).

Sonnenbrenner sind die hellen Deckstrahler für Ladungsarbeit am Abend und bei Nacht.

Speckaale als Ladung sind keinesfalls essbar, sondern Rohre oder Langeisen in Bunden, die als Korrosionsschutz eingefettet sind.

Specksnieder = Speckschneider war früher der jüngste Schiffsoffizier, der den Proviant verwaltete und dem Koch die benötigten Mengen zuzuteilen hatte. Gilt auch für den Fleisch- und Frischproviant liefernden Schiffshändler. War sogar auch einmal eine Partei-Werbefigur im bremischen Bürgerschaftswahlkampf.

Spieker = niederdt. Wort für Speicher, siehe Schauer.

Spleiß = Ineinanderarbeiten von zwei Tauwerksenden (s. Langspleiß). Dazu sagt der Bootsmann und der Segelmacher: »Un is de Spleiß ok noch so good, he mutt doch rullt weern mit den Foot!«

Ständig unständig Beschäftigte klingt als Wortspiel zunächst etwas verworren. Es sind diejenigen Hafenarbeiter mit Hafenarbeitskarte, die über den Gesamthafenbetriebsverein laufend an die Hafeneinzelbetriebe entsprechend den täglichen Anforderungen vermittelt werden. Sie sind also nicht ständig bei der gleichen Firma eingesetzt und deshalb »unständige Arbeiter«.

Stauhaken ist gewissermaßen die verlängerte Hand des Hafenarbeiters zum Kanten von Kisten. Der als Tellerhaken geformte Sackhaken wurde früher bei Sackgutverladung benutzt. Der Gebrauch von Haken ist aber im Aussterben.

Steek/Stek kommt von durchstecken = »steeken« des Schiffsknotens beim Befestigen (Belegen) von Tauwerk.

Steg als Kurzwort für den Landgangssteg = Gangway.

Stopp! = Wenn der Kran in der Hiev anhalten soll, wird auch gerufen: »Hol stief dat Peerd!«

Stopper kann als Bremswirkung auf eine Trosse oder Kette aufgesetzt werden. Als Stopper wird im Hafen auch eine Arbeitszeitunterbrechung bezeichnet, wie sie sich z.B. unfreiwillig ergibt, wenn die Ladung nicht schnell genug nachkommt.

Stropp heißt ein Stück Tau- oder Drahtwerk mit eingespleißten Augen/Ösen zum Einschlingen von Lasten beim Hieven.

Süll, siehe Lukensüll – Lukenrand.

Suupsack würde an Land als Wermutbruder rangieren. Die verantwortungsvolle Ladungsarbeit, aber auch die Sicherheitsvorschriften lassen im Hafen solche Trinkgewohnheiten nicht zu. Es heißt zwar: »Een lütten Drink in de Morningtime is beter as den ganzen Dag gar kein!« – Doch ist damit die erfrischende Flasche Bier bei »fofftein« gemeint. Nur in dummen Liedern ist der Seemann mit dem

Rumbuddel verheiratet, deshalb wehrt er sich wie der Hafenarbeiter energisch gegen solche Einstufung.

Takelmann oder auch Takler sorgt für das Anbringen des »stehenden Gutes« und für das Einschießen des »laufenden Gutes«. Er ist der Takelfachmann. Die Bewicklung eines Tauendes mit Takelgarn wird »takling« genannt.

Tallymann, siehe Gütermesser/Ladungskontrolleur.

Tampen ist ein Stück Tau bzw. ein Tauende. Früher erhielt der ungehörige »Tampsgast« damit seine Dresche. Im übertragenen Sinne wird beim »Anbiet« ein angebissenes Stück Käse oder ein Ende Wurst auch als Tampen bezeichnet.

Tauwerk = Sammelbezeichnung für jegliche Art von Leinen und Trossen aus Natur- und Kunststoff Fasern.

Timmerlüd/Schiffszimmerleute, siehe Holtbuck/Holtwurm.

Tonnen machen = »dat tonnt!« als Arbeitsleistung, siehe Laden.

Toppen/Auftoppen = Hochstellen der Ladebäume, damit die Luken für den Lösch-/Ladebetrieb geöffnet werden können.

Törn kann entweder ein Kink im Draht oder Tau sein, also eine Verdrehung oder eine schadhafte Stelle, oder die Einteilung zur Arbeit, wobei der Arbeitsbeginn »zutörnen« heißt. Freitörn ist Freiwache oder Freischicht. Und der Seemann spricht hinsichtlich seiner Arbeit von Hafentörn und Seetörn.

Tostand wird unter Whooling näher erläutert.

Traverse = Schwergutgeschirr, um ein breiteres Anschlagen zur besseren Lastenverteilung zu erreichen.

Trimm steht für Trimmlage, d.h. Schiff »liegt auf ebenem Kiel« (vorn und achtern gleiche Tauchtiefe) oder es »liegt auf dem Kopf« (also vorn mehr Tiefgang) oder es »liegt im Gatt« (achtern tiefer).

Tub (engl. Wort tub) für Ladeschale zur Aufnahme von loser Ladung.

Tuch als Segel-, Persenning-, Rappertuch usw. wird auch als »Kleid« bezeichnet: Deckskleid, Regenkleid, Abdeckkleid.

Tünbüdel meint den liebenswerten Spinner, dem man nicht alles glauben darf, was er durcheinander redet.

Unständig Beschäftigte, siehe Erläuterung unter »Ständig unständig Beschäftigte«.

Verband wird nicht im medizinischen Sinne verstanden, sondern ist die Hafenbezeichnung für« Gewerkschaft«.

Verholen kann man sich selbst zur kurzen Verschnauf-Pause oder (was nicht sein sollte) sich verdrücken. Das Verholen des Schiffes als Liegeplatzwechsel erfolgt »über die Leinen«, wenn es nur ein kurzes Stück ist und ohne Maschinenkraft gemacht werden kann. Zum Durchholen der Verholleinen bedient sich Schiff und Kajebetrieb des Verholspills.

Vermittlung heißt die tägliche Arbeitszuteilung. Die ständig Beschäftigten erfahren ihren Einsatzort durch den Hafeneinzelbetrieb, bei dem sie ständig tätig sind. Dagegen erfahren die ständig unständig Beschäftigten und die Aushilfsarbeiter beim »Schaapstall«, der Vermitdungsstelle, Näheres über die neue Arbeitsstelle.

Viez/Vize ist der Vorarbeiter im Hafen. Im Tarifvertrag gibt es dafür mehrere Eingruppierungsstufen mit entsprechend gestaffelten Zuschlägen, allgemein Vizengeld genannt.

Voller Schlag ist kein Tauwerksknoten, sondern ein voller Teller. Mit einem halben Schlag wird eine Leine belegt. Aber halber Schlag beim Essen ist nur eine halbe Portion, was als

Bezeichnung für einen Menschen eher missbilligend klingt. »Nachfassen« beim Essen ist der Nachschlag.

Vorfeiertag versteht sich als besondere Hafengewohnheit, die sogar tariflich festgelegt ist. Gemeint ist damit die verkürzte Arbeits-Frühschicht mit Arbeitsende vor 12 Uhr am Tag vor einem hohen Feiertag (u.a. auch vor dem 1. Mai).

Vormann – Vorarbeiter im Hafen.

Wäger kommt mit der Dezimalwaage an Bord (und auch in den Schuppen) zum Verwiegen einzelner Ladungsstücke.

Wahrschaumann steht als Verbindungsmann zwischen den Arbeitern in der Luke und dem Kranführer an Deck und winkt die Kranhieve ein, siehe Decksmann.

Waschtagregelung – tarifliche Sondervereinbarung zum Ausgleich für arbeitspflichtige Sonnabende.

Watermann = Wassermann, der Wasserlieferant, welcher den Schlauchanschluss für die Frischwasserbelieferung herstellt.

Webeleine ist aus dünnem Tauwerk und wird benötigt zum »Ausweben« der Verbindung zwischen den Wanten, um sie somit wie eine Leiter besteigbar zu machen.

Wechselschicht, siehe Schicht.

Whooling/Wuhling kennzeichnet das hoffnungslose Durcheinander mit der absoluten Reizbarkeit aller gegen alle. Im Endeffekt ergibt sich daraus der gefürchtete »Zustand«, in der Flotte allgemein »Tostand« genannt.

Winschmann bedient bei den Lösch-/Ladearbeiten die Schiffswinden (Winschen).

Wolkenschieber – Ballonmütze des Hafenarbeiters.

Zampelbüdel kommt ursprünglich von »sample bag«, dem Musterbeutel beim Ziehen von Warenmustern; darin hat sich manchmal einiges an begehrtem Mitbringsel verborgen. So heißt »zampeln« auch soviel wie »besorgen/organisieren«. Und der Begriff »Zampel« steht heutzutage für jegliche Art von Umhängetasche des Hafenarbeiters.

Zimmerleute heißen im Hafen »Timmerlüd«, auch »Blaubüdel«.

Zollmops (als Wortspiel zum Rollmops) ist der Grenzer, also der am Hafentor stehende Zollbeamte bzw. der Zollbeamte allgemein.

Zurren meint die Ladungsbefestigung mittels Tauwerk.

Die allerletzte Prüfungsfrage

Prof. Buhse steht mit dem Examens-Aspiranten im Maschinen-Labor des »Technikums« in Bremen. Die mündliche Abschlussprüfung ist eigentlich schon beendet. Doch zur Überraschung des Kandidaten kommt noch »eine allerletzte Frage«: »Was ist die allererste Mechanik überhaupt, also die einfachste Maschine?«

Der suchende Rundblick auf die vielen aufgestellten Geräte und Modelle ergibt keinen Anhalt und führt zu keinerlei geeigneter Antwort. Der Prüfling muss also notgedrungenerweise versuchen zu raten oder irgendwie zu improvisieren, was ein echter Techniker ja ohnedies können soll. So antwortet er denn: »Der Einzylindermotor?«

»Nicht fehlerfrei, bitte noch einfacher!«

»Oder das Rad?«

»Das gibt es erst seit 3.000 Jahren, die wahre Technik ist viel älter und simpler!«

»Vielleicht der Mensch?«

»Ach was, viel zu kompliziert und voller Problematik!«

Der Rest ist zunächst nur Grübeln und Schweigen, bis endlich vom Professor die erlösende Aufklärung kommt: »Na, mein Freund, ist doch ganz einfach: der Hebel – einfach so …«

Und da soll einer sagen, Technik wäre ein ganz trockenes Thema.

- ✓ 720 farbigen Abbildung
- ✓ 70 Kastentexte mit Hintergrunderläuterunge

Asmut Brückmann

Bremen

Geschichte einer Hansestadt

432 Seiten, 720 farb. Abbildungen
Hardcover mit Schutzumschlag,
16,5 x 23,5 cm
42,- Euro
ISBN 978-3-95494-229-9

Bremen, die 1.200 Jahre alte Wesermetropole, kann auf eine wechselvolle Geschichte zurückblicken. Machtbewusste Erzbischöfe und aufstrebende Patriziergeschlechter, glaubensfeste Reformatoren und wagemutige Seefahrer, geschäftstüchtige Reeder und risikobereite Kaufleute sowie ein streng konservatives Stadtregiment prägten die Hansestadt bis ins 19. Jahrhundert. Dann erfolgte ein tiefgreifender Wandel: Demokraten und benachteiligte Gruppen meldeten sich zu Wort, die industrielle Revolution erfasste die alte Kaufmannsstadt.

Schiffbau und Textilindustrie, später auch Flugzeugbau und Automobilindustrie gaben der Stadt nicht nur ein neues Gesicht, sondern veränderten auch Zusammensetzung und Bewusstsein ihrer Einwohner. Nach dem Zweiten Weltkrieg wurde Bremen zur Hochburg der Sozialdemokratie. Um dieses wechselvolle Auf und Ab geht es in diesem anschaulich geschriebenen Geschichtswerk. Es schildert nicht nur die politischen Ereignisse bis ins 21. Jahrhundert, sondern auch die wirtschaftliche, gesellschaftliche und kulturelle Entwicklung der Stadt bis in die Jetztzeit.

Die Gesamtdarstellung ist chronologisch geordnet. Bestimmten Themen sind eigene Kapitel gewidmet, u.a. der Bremer Automobilindustrie und der Geschichte der Häfen und Werften. So kann man bestimmte Probleme und ihre Entwicklung über einen längeren Zeitraum im Zusammenhang verfolgen. Zahlreiche, zum Teil selten gezeigte Abbildungen bereichern und vertiefen den Text. Mithilfe des detaillierten Registers kann das Buch auch als Nachschlagewerk genutzt werden.